KB253167

모든 교실은
신경다양성
교실이다

같은 교실,
다르게 배우는 아이들

모든 교실은 신경다양성 교실이다

김명희 지음

이제 교실을 넘어 학교로

새로온봄

신경다양성 아이들은 별처럼 빛나지만, 그 빛은 쉽게 드러나지 않습니다. 아이들을 '결함'이 아닌 '강점'으로 바라보려 의도적으로 노력할 때 비로소 그 반짝임이 보입니다.

저는 현직 교사이자 이 책에 등장하는 '행복이'의 엄마로 저자의 철학에 깊은 울림을 받았습니다. 책 속 사례에서 아이들이 서로 배려하며 성장하는 모습은 제게 신선한 충격이었습니다. 소위 '문제아'가 있다고 치부되는 교실과는 전혀 다른, 따뜻한 존중의 풍경이었기 때문입니다.

제 아이인 행복이가 저자의 신경다양성 교실에서 얼마나 '행복'한 존재가 되었는지 몸소 겪었습니다. 한 사람을 사람답게 대해준 학교와 선생님, 친구들이 있었기에 아이는 비로소 새롭게 태어났습니다. 책을 읽으며 저도 앞으로 만날 아이들을 저자와 같은 시선으로 바라보겠다고 다짐해 봅니다.

아이들을 바라보는 시선이 변할 때 교실은 숨겨진 별빛들이 마음껏 반짝이는 드넓은 은하수가 됩니다. 또 다른 '행복이' 가족에게는 길을 잃지 않게 비추는 눈부신 희망이 되어줄 것입니다. 이 책은 우리 어른들에게 아이들의 가치를 발견하는 나침반이 되어줄 것입니다. 전국의 모든 선생님들께 진심을 담아 이 책을 추천합니다.

김혜원
서울고일초등학교 교사
《생각의 힘을 키우는 초등수학 문제해결》 공저

한 학급에서의 역동적인 삶은 교사가 아니라면 아무도 모를 것입니다. 교사의 아주 아주 작은 눈짓과 손길이 실로 엄청난 변화를 불러온다는 것을요.

먼저 출판되었던 저자의 《신경다양성 교실》이 우리 아이들을 장애나 이상성(異常性)이 아니라 신경다양성의 스펙트럼으로 볼 수 있도록 눈을 뜨게 했다면, 《모든 교실은 신경다양성 교실이다》는 실제 학급 운영에 적용할 수 있는 새로운 관점을 더욱 깊이 있으면서도 친절하게 안내합니다.

이 책에서 저자가 들려주는 아이들 이야기는 참 다정합니다. 왜냐하면 전부 행복한 사람으로 성장했기 때문입니다.

또한 이 책에서 저자가 설명한 수업과 생활지도 방법은 아주 신이 납니다. 왜냐하면 신경다양성 관점을 정확하게 적용한다면 누구라도 성공할 것이기 때문입니다.

그리고 이 책에서 저자가 제시한 학급 운영 사례에 안도합니다. 왜냐하면 모든 교실은 신경다양성 교실이기 때문입니다.

교사들의 학급 살이가 한 해 한 해 힘들어지고 있는 때에 신경다양성 교실은 넉넉하게 희망을 안겨 줍니다. 희망은 우리를 견디게 합니다. 그리고 한 발짝 내딛게 합니다.

김수연

경인교육대학교 특수(통합)교육과 교수
《통합교육의 이해와 실제》 공저

나는 꿈이 있습니다. 꿈은 반복해서 말하면 이루어진다고 해서 사람들에게 자주 말합니다. 나의 꿈은 초등교사로 정년퇴임을 하는 것입니다. 내가 이렇게 말하면 사람들이 웃습니다. 그게 무슨 꿈이냐고 하면서요. 하지만 나에게 이 꿈은 어떤 화려한 성취보다 소중합니다. 나는 정년까지 교실에서 어린이들과 함께하고 싶습니다. 정년퇴임을 하고도 건강이 허락한다면 나는 계속 어린이들을 만나고 싶습니다. 어린이들과 하고 싶은 일들이 너무 많아서 매일 학교에 가는 길이 설레고 기대됩니다. 이런 꿈을 가지게 된 나만의 이유가 있습니다.

나는 장애가 있는 아이를 키우면서 오랜 시간 교단을 떠나 있었고, 다시는 돌아오지 못할 것이라 생각했습니다. 그런데 다행히도 다시 교단에 설 수 있게 되었습니다. 나에게 두 번째 인생이 주어진 것 같았습니다. 다시 주어진 소중한 교직생활에서 꼭 의미있는 일을 하고 싶었습니다. 하나의 소명이 피어났습니다. 그것은 신경다양성 아이들과 함께하는 일입니다. 신경다양성 아이들이 행복한 학교생활을 할 수 있도록 돕고 싶었습니다. 신경다양성 아이들의 부모님이 안심하고 학교에 보낼 수 있는 신경다양성 교실을 만들고 싶었습니다. 신경다양성 아이들이 행복한 교실은 모든 아이들이 안전하고 건강하게 성장할 수 있는 교실입니다. 가장 소외되기 쉬운 아이들도 놓치지 않는 교실은 결국은 모든 아이들에게 따뜻한 배움터가 된다는 사실을 나는 경험 속에서 배웠습니다.

나는 통합학급을 늘 자진해서 맡았고 그 실천기록을 담아 《교사 통합교육을 말하다》를 함께 썼고, 《신경다양성 교실》을 썼습니다. 책을 쓰고나서 많은 교사와 학부모, 현장 전문가들을 만날 수 있었습니다. 나의 책이 신경다양성 아이들을 바라보는 관점의 전환을 이루는 데 긍정적인 영향을 끼칠 수 있었다는 이야기를 들을 수 있어서 기뻤습니다. 하지만 여전히 학교와 교실 안팎에서 신경다양성 교실을 시도하고 운영하며 겪는 어려움이 많다는 이야기를 들었습니다. 신경다양성 아이들의 강점에 주목하는 것이 중요하다는 것은 알고 있지만 생각처럼 쉽지 않다, 서로 다른 특성과 요구를 가진 아이들을 통합교육 상황에서 어떻게 개별지원을 할 수 있나, 신경다양성 아이들의 학부모님과 소통이 쉽지 않다, 교사 혼자서 신경다양성 교실을 운영하는 것은 불가능한 일이다, 등등. 나 또한 매해 새로운 신경다양성 교실을 운영하면서 같은 고민을 반복하며, 이를 나눠야겠다고 생각했습니다.

나는 우리 반 신경다양성 교실에 대한 기록을 꾸준히 하며 아이들의 작은 변화 하나도 놓치지 않으려고 했습니다. 교육과 관련한 다양한 책을 읽으며 스스로 끊임없이 되물었습니다. 또한 《신경다양성 교실》을 인연으로 만난 많은 교사들과 공부모임을 하면서 사례나눔을 통해 다양한 관점과 의견에도 귀를 기울였습니다.

그래서 이번 책에서는 그런 고민과 사례를 담아 전작인 《신경다양성 교실》에서 풀지 못한 이야기들을 해보고자 합니다. 내가 교실에서 얻은 통찰과 아이들에게서 배운 가르침, 나를 울컥하게 했던 생생한 교실 이야기를 담았습니다. 이 책의 핵심 메시지는 '있는 그대로 바라보기'라고 할 수 있습니다. 신경다양성 아이들의 행동을 바꾸고, 능력을 끌어올리는 것이 목표가 되었을 때는 오히려 결과가 좋지 않았습니다. 아이도 힘들고 나도 힘들고 학부모님도 지쳤습니다. 하지만 신경다양성 아이들의 모습을 있는 그대로 존중하며 힘을 뺐을 때 아이가 스스로 성장하는 모습을 보았습니다. 신경다양성 아이들은 '개선해야 할 대상'이 아니라 '존중받아야 할 존재'라는 것을 확신할 수 있었습니다. 그 이야기가 궁금하시다면 책을 끝까지 함께해 주시길 바랍니다.

1장에는 신경다양성 교실 연대기를 담았습니다. 내가 어떻게 신경다양성 관점에서 영감을 얻고, 교실에서 시도하여 현재까지 운영하게 됐는지 그 이야기를 간략히 정리했습니다.

2장에는 성공적인 신경다양성 교실을 위해 고려해야 할 핵심사항을 여섯 가지 주제로 풀었습니다.

3장에서부터 5장까지는 우리 반 신경다양성 교실 사례를 담았습니다. 3장 희망이, 샛별이, 기쁨이 이야기는 자폐스펙트럼 장애가 있는 아이들과 함께한 교실 이야기, 4장 하늘이 이야기는 ADHD가 있는 아이, 5장 바다 이야기는 경계선 지능이 있는 아이와 함께한 이야기입니다.

마지막 6장은 신경다양성 교실과 학교 이야기입니다. 신경다양성 교실을 성공적으로 운영하기 위해서는 학교가 변화해야 한다고 생각합니다. 지금 내가 근무하고 있는 혁신학교의 사례가 신경다양성 아이들을 위한 학교로 좋은 사례가 될 수 있을 것입니다.

이 책이 신경다양성 아이들과 함께하는 모든 분들께 조금이라도 힘이 되고 위로가 될 수 있으면 좋겠습니다. 독자 여러분과 함께 신경다양성 아이들이 행복하게 살아갈 수 있는 세상을 만들어보고 싶습니다.

목차

1장

신경다양성 교실 연대기

2장

신경다양성 교실에서 강조하는 것

3장

희망이, 샛별이, 기쁨이 이야기

4장

하늘이 이야기

5장

바다 이야기

6장
신경다양성 교실과 학교

- 혁신학교와 신경다양성 교실
- 노는 시간이 있는 학교
- 신경다양성 아이들에 대한 관심
- 학생맞춤통합지원과 협력적 지원
- 신경다양성 교실과 학교

신경다양성 교실 연대기

우리 반에
배정해주세요

"특수교육대상 학생들을 모두 우리 반에 배정해 주세요."

5학년 부장 선생님께 이렇게 말씀드렸습니다. 나는 5학년 담임을 맡고 있었는데 다음 해에 6학년을 맡기로 결정한 뒤였습니다.

"네? 선생님 너무 무모하신 거 아니에요? 감당하실 수 있으시겠어요?"

부장 선생님은 놀란 듯 말씀하셨습니다.

"저 해보고 싶어요. 그 아이들이 우리 반에 오면 멋진 교실이 될 것 같거든요."

그렇게 6학년 우리 반에는 특수교육대상인 겨울이, 민솔이,

     모든 교실은 신경다양성 교실이다

지선이를 포함하여 25명의 학생들이 배정되었습니다. 겨울이는 청각장애가 있는 남학생이었고, 민솔이와 지선이는 지적장애가 있는 여학생이었습니다. 겨울이는 청각장애로 보청기를 착용하고 있었는데, 생활하는 데는 큰 문제가 없었고 인지능력에도 어려움이 없었습니다. 그러나 많이 위축되어 있었습니다. 자신이 청각장애인이라는 사실을 다른 아이들이 알게 될까 봐 걱정하는 듯 보였습니다. 그런 모습이 안타까웠습니다. 내가 지켜주고 싶었습니다.

민솔이는 다운 증후군이 있는 아이인데 5학년 중반에 우리 학교로 전학 왔습니다. 학기 중에 전학을 온 터라 학교생활에 마음을 붙이지 못하고 잘 적응하지 못한다는 이야기를 들었습니다. 나는 민솔이에 대해 잘 몰랐지만 그 이야기가 마음에 걸렸습니다. 민솔이가 우리 반 지선이와 6학년 때 같은 반이 된다면 잘 지낼 수 있을 것 같았습니다. 지선이는 지적장애가 있지만 친구를 좋아하는 아이였습니다. 지적장애가 있는 아이들은 친구를 사귀는 일이 쉽지 않습니다. 하지만 두 아이는 친구가 될 수 있을 것 같았습니다. 6학년은 초등학교의 마지막 학년이니 두 아이에게 좋은 추억을 남겨주고 싶었습니다. 그리고 우리 교실에서의 인연으로 두 아이가 평생 친구가 되면 좋겠다는 생각도 들었습니다.

그렇게 나의 무모한 6학년 생활이 시작되었습니다. 우리 반에는 겨울이, 민솔이, 지선이 말고도 다양한 아이들이 많았습니다. 반항기가 넘쳐서 말 걸기도 어려운 아이, 매우 산만한 아이, 툭하면 눈물부터 흘리는 아이도 있었습니다. 학기 초엔 내가 정말 무모한 짓을 했나 보다라는 생각이 들었습니다. 내가 뭐라고, 무슨 배짱으로 특수교육대상 학생들을 3명이나 감당하려고 했나라는 생각도 들었습니다. 하지만 이젠 돌이킬 수 없는 일. 다시 마음을 다잡고 나의 신경다양성 교실을 잘 운영해보자고 다짐했습니다.

민솔이와 지선이는 예상대로 친하게 잘 지냈습니다. 두 아이는 다정하게 손을 잡고 국어와 수학 시간에 특수반에 공부하러 갑니다. 둘이 함께 가니 외롭지 않았고 특수반에서도 같이 수업을 받을 수 있으니 즐거워했습니다. 둘은 아주 친해졌습니다. 두 아이가 특수반에 갈 때면 서로를 바라보며 매일 까르르 웃었습니다. 두 아이의 웃음소리가 나의 마음을 행복하게 했습니다. 두 아이는 특수반에서 수업을 마치면 또 정답게 손을 잡고 우리 교실로 돌아왔습니다.

그런데, 어느 날 무슨 일이 있었는지 두 아이가 우리 교실로 오는 길에 싸웠습니다. 민솔이가 삐쳐서 화장실에 들어가 버렸습니다. 지선이는 어찌할 바를 모르고 화장실 앞에 서 있었습니다. 우리 반 여학생이 그 모습을 보고 무슨 일이냐며 지선이에게 물었습니다. 지선이는 민솔이가 삐쳐서 화장실에 들어갔는데 나오지 않고 있다고 했습니다. 우리 반 여학생들은 지선이와 민솔이가 있는 곳으로 우르르 달려갔습니다. 그리고 중재하기 시작합니다. "지선이 네가 민솔이에게 이렇게 말해야지 민솔이가 마음이 풀릴 거야." 지선이는 우리 반 여학생들이 알려준 대로 민솔이에게 말했습니다. 그러자 민솔이가 화장실 문을 스르르 열고 눈물을 닦으며 나왔습니다. 아이들은 민솔이와 지선이를 위로해주며 교실로 들어왔습니다.

아이들은 나에게 다가와 민솔이와 지선이에게 있었던 일을 조잘조잘 이야기해 줍니다. 나는 민솔이와 지선이를 잘 중재해준 아이들에게 고맙다고 말하고, 머리를 쓰다듬으며 칭찬해 주었습니다. 아이들의 얼굴에 환한 웃음이 묻어났습니다. 우리 반 아이들은 지선이와 민솔이의 작은 변화와 성장에도 진심으로 기뻐하였습니다. 지선이와 민솔이가 쓴 글을 내게 가져와 보여주기도 하고, 두 아이가 그린 그림도 잘 그렸으니 나보고 칭찬해주라며 가지고 오기도 합니다. 민솔이가 피아노를 잘 친다고 하니 나보고 민솔이가 친구들 앞에서 피아노를 치게 해달라고 말하기도 했습니다. 지선이가 태권도를 잘한다고 하니 태권도 시범을 보일 수 있는 기회를 달라고 말합니다. 나는 이 아이들을 보며 가슴이 뭉클했습니다. 자기를 칭찬해 달라고 하는 것이 아니라 지선이와 민솔이를 칭찬해 달라고 하는 아이들이라니… 아이들이 고마웠습니다. 우리 반 아이들은 내가 지선이와 민솔이를 칭찬하면 엄마 미소, 아빠 미소를 보이며 흐뭇하게 쳐다봅니다. 나는 그런 아이들에게 고개를 숙여 감사를 표현하기도 했습니다. 아이들도 나에게 고개를 숙이며 감사하다고 말합니다. 지선이와 민솔이 덕분에 우리 반 아이들과 나는 매일 서로에게 감사하다고 말했습니다.

겨울이는 보청기를 착용하고 있었는데 친구들에게 보청기를 들키고 싶어 하지 않았습니다. 하지만 남자 아이라 머리가 짧아 보청기가 다 보입니다. 그런데 우리 반 아이들 중 단 한 명도 겨울이에게 귀에 꽂은 것이 무엇이냐며 묻지 않았습니다. 물론 나에게는 몰래 와서 물었습니다. 그래서 내가 말해주었습니다. 겨울이가 청각에 문제가 있어서 보청기를 꽂은 것인데 친구들이 알게 되는 것이 싫은 것 같다고 말해 주었습니다. 아이들은 알았다고 하면서 1년 동안 겨울이의 보청기에 대해 아무도 말을 하지 않았습니다. 겨울이는 우리 반에서의 생활을 편안해했습니다. 우리 반이 안전한 공간이라는 믿음이 생긴 듯했습니다. 겨울이는 그동안 친구가 없었는데 우리 반에 착한 남학생과 조금씩 가깝게 지내기 시작하였습니다. 두 아이는 매일 장난을 치며 서

    모든 교실은 신경다양성 교실이다

로의 집에도 오가더니 친한 친구가 되었습니다.

반항기가 넘치는 아이는 어땠을까요? 이 아이가 반항기 가득한 거친 언행을 하면 평소 툭하면 눈물을 흘리는 여학생이 울어 버립니다. 지선이과 민솔이도 두 눈을 동그랗게 뜨고 놀랍니다. 그러면 우리 반 아이들이 말합니다. 너의 말투에 친구들이 놀라니까 그런 말투로 말하지 않았으면 좋겠다고 용기있게 말합니다. 그러면 그 아이는 놀란 여학생들에게 미안하다고 말하면서 가 버립니다. 선한 아이들이 주도하는 우리 교실에서 반항기 넘치는 아이는 나의 걱정과 달리 큰 문제를 일으킨 적이 별로 없었습니다.

매우 산만한 아이는 어떻게 되었을까요? 뭐, 계속 산만했습니다. 산만한 게 꼭 나쁜 것만은 아니라고 생각합니다. 그저 이 아이의 특징일 뿐이니까요. 아이는 산만했지만 마음이 따뜻했습니다. 지선이와 민솔이도 잘 챙겨주는 착한 아이, 기발한 생각도 잘하는 재밌는 아이였습니다. 국어 시간에 이 아이가 동시를 쓴 적이 있었는데 기가 막히게 아주 잘 썼습니다. 나는 이 시를 아이들에게 읽어주고 이제부터 너는 우리 반의 시인이라고 말해주었습니다. 그 뒤로 아이는 국어 시간이면 두 눈을 반짝입니다. 나에게 주는 작은 편지에는 온통 시가 쓰어 있었습니다. 나는 그런 아이가 너무 사랑스러웠습니다. 아이의 산만함이 불편할 때면 우리 반 아이들은 좀 멈춰달라고 말합니다. 그러면 이 아이도 멈춥니다. 물론 오래가진 못했습니다.

이렇게 나의 신경다양성 교실은 그 해에도 해피엔딩으로 끝났습니다. 신경다양성 교실이 무엇이냐고요? 우리 반 이야기에 조금 감을 잡으셨을 수도 있겠습니다. 그럼 내가 어떻게 신경다양성 교실을 접하고 만들어가게 되었는지 이야기를 풀어보겠습니다.

신경다양성을 만나다

신경다양성 교실은 내가 직접 체험하게 된 새로운 세계와 사람들을 이해하는 과정에서 시작되었습니다. 평범한 초등교사였던 나는 둘째 아이를 낳고 완전히 다른 삶을 살게 되었습니다. 둘째 아이는 희귀 난치질환을 가지고 태어났습니다. 질환에 대한 초기 대처가 늦어져 그만 뇌 손상을 받게 되어 발달장애를 가지게 되었습니다. 아이의 장애를 받아들이는 일은 쉽지 않았습니다. 장애 자녀의 부모가 겪는 모든 과정을 나도 똑같이 겪었던 것 같습니다. 부정, 회피, 절망 그리고 수용.

내 인생에서 가장 어두웠던 시기는 바로 이때였던 것 같습니다. 매일 눈물이 났습니다. 어떻게 살아야 할지 막막했습니다.

어린 두 아이를 키워야 하는데 자꾸 죽고 싶다는 생각만 들었습니다. 심각한 우울증이 찾아왔습니다. 밥을 먹을 수도 잠을 잘 수도 없었습니다. 삶의 희망이라곤 보이지 않았습니다.

그동안 내 관심 밖에 있었던 소외된 아이들과 그 부모의 삶이 곧 나의 삶이 되었습니다. 교사인 탓인지 이 아이들의 삶이 눈에 보이기 시작했습니다. 그때 나는 결심했습니다. 이 아이들을 위한 삶을 살자. 그런데 뭘 어떻게 사는 것이 이 아이들을 위한 삶인지 전혀 감이 잡히지 않았습니다. 나는 휴직을 하고 있었고, 이 휴직 기간이 끝나면 아이 뒷바라지를 위해 사직을 하려고 준비하고 있었습니다. 내가 어떻게 이 아이들을 위한 삶을 살 수 있을까? 하는 의문이 들었습니다. 뭐 특별한 방법은 떠오르지 않았습니다. 그래도 왠지 그렇게 살아야 할 것 같았습니다.

그러다 우리 둘째 아이를 돌보던 유치원 원장님의 권유로 마흔의 나이에 대학원에서 특수교육 공부를 시작했습니다. 공부하며 나에게 놀라운 변화가 찾아왔습니다. 우울증이 나아진 것입니다. 공황장애와 우울증으로 힘든 시간을 보냈었는데 시나브로 나아진 것입니다. 시나브로라는 표현이 딱 맞는 것 같습니다. 나도 모르는 새 나아졌으니까요. 우울증은 부정적인 생각들이 내 안으로 파고드는 병이었습니다. 끊임없이 내 안을 맴돌던 생각들이 공부를 하며 처음으로 밖을 향하게 된 것입니다. 누군가

     모든 교실은 신경다양성 교실이다

에게 도움이 되고 싶다는 그 생각이 나를 우울증의 늪에서 빠져나오게 했습니다. 특수교육 공부가 나를 살렸습니다.

나는 내 이름처럼 다시 밝은 사람이 되어가고 있었습니다. 우리 아이는 점점 건강해져서 병원에 입원하는 횟수가 많이 줄어들었습니다. 덕분에 나는 무려 8년 만에 복직할 수 있었습니다. 그때의 심정은 그야말로 새로 태어난 기분이었습니다. 다시는 교단에 서지 못할 줄 알았는데…. 다시 교실에서 아이들을 만날 수 있게 되었다는 사실이 너무나 감격스러웠습니다. 새내기 교사의 마음이었습니다. 아니 새내기 교사보다 더 설레고 더 기대되었습니다.

복직 이후에 나는 늘 장애 학생이 있는 통합학급을 자진해서 맡았고 내가 공부한 것들을 적용해 보았습니다. 그러나 현실은 생각처럼 쉽지 않았습니다. 수많은 시행착오와 갈등을 겪었습니다. 좌절도 많이 했습니다. 책으로만 공부한 것과 아이들과 직접 부딪히며 경험하는 일은 완전히 달랐습니다. 내 뜻대로 되는 일이 거의 없었습니다. 장애 학생을 가르치는 일은 정말 어려웠습니다. 비장애 학생들이라고 쉬웠을까요? 비장애 학생들도 똑같이 어려웠습니다. 책에서처럼 이러저러한 방법을 적용한다고 아이가 '짠' 하고 변하지 않았습니다.

뭔가 잘못된 것 같았습니다. 책에 나온 여러 증거기반 실제들이 교과서처럼 척척 맞아떨어지지 않았습니다. 의욕만 앞섰지 통합교육의 실전경험이 없던 나는 매일 좌충우돌과 절망의 나날이었습니다. 다시 교육에 대한 책들을 보면서 내가 무엇을 놓치고 있는지 점검해 보았습니다. 그러다 신경다양성에 대해 알게 되었습니다. 나는 눈이 번쩍 뜨였습니다.

신경다양성은 호주의 사회학자 주디 싱어(Judy Singer)가 만들어낸 신조어로 뇌의 신경학적 차이를 가진 사람들을 장애나 결함이 아닌 하나의 다양성으로 바라보는 관점입니다. 인간은 장애와 비장애, 정상과 비정상의 이분법으로 나눌 수 있는 존재가 아니며 누구나 다양성 스펙트럼의 어느 한 위치에 존재할 뿐이라는 것입니다. 우리가 문화적 다양성, 인종적 다양성을 비정상이라고 말하지 않듯 뇌신경학적 차이도 결함이 아닌 신경다양성으로 보아야 한다고 주장합니다. 신경다양성은 일종의 사회운동이기도 합니다.

신경다양성이라는 개념은 학습 및 인간 발달에 관하여 연구하는 미국의 교육학자 토머스 암스트롱에 의해 교육계에 확산되었습니다. 토머스 암스트롱이 신경다양성에 관하여 풀어 설명한 책 《The power of Neurodiversity》은 《증상이 아니라 독특함입니다》라는 제목으로 우리나라에 소개되었습니다. 이 책에서 토머스 암스트롱은 자폐스펙트럼장애, 지적장애, 학습장애, 난독증,

ADHD, 여러 정서행동장애 등을 가진 사람들을 신경다양성의 범주에 속하는 사람들이라고 말합니다. 그들의 다름은 하나의 특성일 뿐이지 반드시 치료해서 정상으로 만들어야 하는 결함이 아니라고 말합니다. 그렇다면 이러한 다름을 가진 사람들을 신경다양성의 관점에서 어떻게 교육을 해야 하는지 의문이 들 것입니다.

토머스 암스트롱은 그동안 우리가 신경다양성을 가진 사람들의 결함을 개선하는 데만 너무 많은 에너지를 썼다고 말합니다. 그런데 그렇게 해서 그 결함이 잘 개선이 되더냐? 결함은 쉽게 개선되지 않습니다. 어쩌면 평생 그 결함을 가지고 살아가야 할지도 모릅니다. 그렇기 때문에 부모와 교사들은 신경다양성 아이들이 자신의 장애나 결함이 있어도 잘 살아갈 수 있도록 도와주는 역할을 해야 한다고 합니다. 결함에만 집중된 관심을 거두고 오히려 아이가 가지고 있는 강점에 초점을 맞추라고 말합니다. (결함에 관해서는 의사의 몫, 발달과 교육은 부모와 교육의 몫이라고 할 수 있습니다.) 강점으로 시선을 돌렸을 때 아이의 잠재능력을 훨씬 더 잘 개발시킬 수 있다고 합니다. 여기서 강점은 대단히 특별한 능력을 말하는 것이 아닙니다. 아이가 가진 여러 관심과 능력 가운데 있습니다. 강점은 지금 현재 눈에 띄는 재능이라기보다 노력으로 얼마든지 개발될 수 있는 역량을 말합니다.

아이가 두 눈을 반짝이는 순간, 호기심에 어린 눈빛을 보이는 그 순간이 바로 강점을 드러내는 순간입니다. 신경다양성 관점은 결함중심 패러다임에서 강점중심 패러다임으로의 전환을 강조합니다.

신경다양성에 대해 공부를 하며 내가 왜 그동안 실패를 거듭해왔는지 알게 되었습니다. 나는 신경다양성 아이들의 결함에만 너무 집중해왔던 것입니다. 이 아이들의 결함을 어떻게든 개선해 보려고 노력했습니다. 나는 신경다양성 아이들의 부족한 면을 채워주려고만 애썼던 것입니다. 최선을 다해 이 아이들을 정상의 범주에 가깝게 변화시켜보려고 집착하고 있었던 것입니다. 그것이 나의 사명이라고 생각했습니다. 하지만 결과는 나도 지쳤고 아이들도 지쳤을 뿐입니다. 그렇게 하다 보니 번번이 실패하고 말았습니다.

신경다양성에 대해 접하고 나서 나는 관점을 바꾸려고 애썼습니다. 아이의 결함이 아닌 강점에 집중하려고 했습니다. 아이의 결함을 없애는 것은 불가능한 미션이라는 것을 깨닫게 되었기 때문입니다. 그렇게 내 안의 집착을 내려놓자 우선 내가 편안해졌습니다. 신경다양성 아이들을 있는 그대로 받아들이고 존중하려고 했습니다. 그러자 아이들도 편안해졌습니다. 평균의 틀에 신경다양성 아이들을 끼워 맞추려는 생각을 멈추자 아이들

     모든 교실은 신경다양성 교실이다

앞을 가로막는 환경이 눈에 보이기 시작했습니다. 그래서 나는 아이가 아니라 주변의 환경을 바꾸려고 노력하였습니다. 그러자 드디어 내 안에서 관점의 전환이 일어났습니다. 그렇게 나의 신경다양성 교실은 시작되었습니다. 결함에만 매몰되지 않고 아이가 가진 긍정적인 측면과 이 아이들 앞에 놓여있는 장벽들을 없애는데 집중하며 교실과 교육, 그리고 다양성을 긍정하는 삶을 살게 되었습니다.

학급에는 특수교육대상 학생이 아니어도 특별한 관심과 지원이 필요한 신경다양성 아이들이 많습니다. 요즘은 학생 수가 급격하게 줄고 있음에도 신경다양성 아이들은 오히려 더 늘어나는 추세에 있습니다. 경계선 지능을 가졌거나, 난독증, ADHD, 선택적 함묵증, 정서행동장애를 가진 아이들은 특수교육대상이 아니지만 신경다양성을 가진 아이들입니다. 우리나라는 다른 나라에 비해 특수교육대상을 협소하게 선정하는 탓에 이 아이들은 거의 특수교육대상 학생이 되지 못합니다. 장애로 진단된 아이들보다 이렇게 사각지대에 있는 신경다양성 아이들이 더 힘든 학교생활을 하는 경우가 많습니다. 장애로 진단된 아이들은 학교 내 특수교사의 지원을 받을 수 있어 오히려 안정된 학교생활을 합니다. 그러나 장애로 진단받지 않은 신경다양성 아이들은 방치되는 경우가 많습니다. 우리나라 어느 학교, 어느 학급에 가든 신경다양성 아이들은 존재하기 마련입니다. 적게는 20%, 많게는 40%의 아이들이 신경다양성 아이들인 경우도 있습니다. 결국 모든 교실이 신경다양성 교실입니다.

나는 이 책에서 신경다양성 아이들과 함께하는 삶에 대해 이야기하고자 합니다. 그 아이들의 개성과 특성을 있는 그대로 존중하고 그들이 강점을 잘 살려 나갈 수 있도록 돕는 교실에 대한 이야기를 해보고자 합니다. 나의 경험과 그 과정에서 얻은 교훈이 모든 교실과 선생님들께 작은 도움이 되기를 바라면서요.

신경다양성 교실 연대기

앞에서도 언급했듯이 신경다양성은 호주의 사회학자 주디 싱어에 의해 제안된 개념입니다. 주디 싱어는 아스퍼거 증후군(고기능 자폐)이 있는 자녀를 양육하면서 자폐스펙트럼에 대해 관심을 가지게 되었는데, 신경학적 소수집단의 사람들이 사회적으로 많은 차별을 받으며 살아가고 있다는 것을 깨닫게 되었습니다. 학교와 직장에서 그들의 능력이 평가절하되고 기회가 박탈되는 것을 보며 자폐스펙트럼을 가진 사람들의 자기 옹호(Self Advocacy) 운동에 함께했습니다. 그 과정에서 신경다양성이라는 개념이 만들어진 것입니다.

주디 싱어는 신경다양성을 생물다양성의 하위 집합이라고

말합니다.* 생물다양성은 지구상의 생명의 다양성을 의미합니다. 유전적 다양성, 종 다양성, 생태계 다양성 등 다양한 수준을 포함하는 개념입니다. 그녀가 신경다양성을 생물다양성의 하위 개념이라고 말하는 것은 모든 생명의 신성함을 강조하기 위한 것이라고 합니다. 모든 인간은 신경다양성을 가지고 있는데 그중에 신경학적 소수자들이 존재한다는 것입니다. 그들을 옹호하는 데 사용된 포괄적 용어가 신경다양성입니다. 따라서 신경다양성은 과학적 용어라기보다는 사회적·정치적 용어라고 볼 수 있습니다.

신경다양성 운동은 신경다양성을 가진 사람들을 열등한 존재, 병든 존재가 아니라 그들만의 특별함을 가진 존재라고 여기는 것입니다. 미국의 자연과학자이자 기자인 스티브 실버만은 그의 저서《뉴로트라이브》에서 자폐스펙트럼, 난독증, ADHD 등 신경학적 차이가 인간 게놈의 복잡성과 다양성에서 비롯되었다고 이해할 것을 제안합니다. 그들을 능력 부족과 기능 이상의 집합체로 보기보다 독특한 장점을 지니고 인류의 발전에 이바지해 온 인지적 변이로 보아야 한다는 것입니다. 그는 신경다양성 개

---

* https://neurodiversity2.blogspot.com/p/what.html

     모든 교실은 신경다양성 교실이다

넘을 사회가 받아들이고 발전시켜 나갈 때 보다 건강하고 안전하고 행복한 미래로 나갈 수 있다고 주장합니다.

이렇게 신경다양성 운동이 세계적으로 확산하면서 미국과 영국을 비롯한 선진국들에서는 사회의 보편 개념으로 자리 잡게 되었습니다. 우리나라에서는 아직 생소하게 여기지만, 우리 사회 곳곳에서도 쓰임이 확산되고 있고, 신경다양성 운동이 일어나고 있습니다.

나는 《증상이 아니라 독특함입니다》를 읽고 교실에서 신경다양성 관점을 적용하여 다양한 시도와 노력을 했습니다. 그리고 그 경험과 교육 사례를 담아 2022년에 《신경다양성 교실》을 출간하였습니다. 이 세상에는 신경다양성을 가진 아이들과 함께하는 삶이 힘들고, 괴롭고, 어렵다는 이야기가 훨씬 더 많습니다. 나는 더이상 그런 이야기를 하고 싶지 않았습니다. 나는 신경다양성 아이들과 함께하는 삶에 대한 긍정적인 이야기를 하고 싶었습니다. 매해 통합학급을 맡으며 만났던 신경다양성 아이들과 함께하는 나의 삶은 행복했습니다. 물론 쉽지는 않았습니다. 쉬웠다면 거짓말입니다. 많은 어려움이 있었지만 그 과정에서 내가 성장했습니다. 그리고 아이들과 학부모님들도 성장했습니다. 그 성취감과 기쁨은 이루 말할 수 없었습니다.

다양한 아이들의 강점에 집중하고, 긍정적 환경을 구축하며 만들어 간 통합교육의 힘과 효과를 담은 《신경다양성 교실》은 큰 기대 없이 세상에 나오게 되었습니다. 그러나 반응은 예상외였습니다. 전국 각지에서 정말 많은 연락을 받았습니다. 전국의 선생님들과 학부모님, 예비교사 그리고 사회복지사나 치료사와 같이 신경다양성 아이들과 함께하는 현장 전문가들, 진로를 고민하는 고등학생 등 많은 사람들로부터 수많은 피드백이 쏟아졌습니다. 지금도 거의 매주 모르는 사람에게 연락이 옵니다. 책을 잘 읽었다며, 또 다양한 고민을 담아 신경다양성 교실에 대한 이야기를 듣고 싶다는 메시지를 보내옵니다.

신경다양성 아이들과 따뜻한 동행을 하는 분들이 우리 사회에 이렇게 많이 계신다는 사실에 놀랐습니다. 희망이 보였습니다. 또한 책을 통해 소중한 분들과 많이 만나고 인연을 맺을 수 있었습니다. 내가 운영하는 네이버 카페 〈신경다양성 교실 연구회〉에 많은 분들이 찾아와 주셨습니다.

나는 《신경다양성 교실》을 통해 전국에서 통합교육에 헌신하는 소중한 선생님들을 만날 수 있었습니다. 유치원, 초등학교, 중·고등학교에 이르기까지 각 학교에서 열정을 다하시는 일반교사와 특수교사, 그리고 대학에서 예비교사를 가르치는 교수님까지 만나게 되었습니다. 그분들과 공부모임을 만들어 정기적으로 모여 함께 공부도 하고 각자의 사례 나눔도 하면서 신경다양성 교실에 대한 이야기들을 축적해 나가고 있습니다. 이렇게 각 계각층에서 노력하시는 분들이 있어 우리 사회에 신경다양성에 대한 인식이 한층 높아질 것이고, 우리 사회가 포용적 사회로 나아가는 데 큰 동력이 될 것이라고 생각합니다.

《신경다양성 교실》을 쓰고 나서 나는 매해 새로운 아이들과 학부모님들을 만나 신경다양성 관점을 확장하면서 나만의 새로운 교실 이야기가 끊임없이 만들어졌습니다. 우리 반 아이들과 함께한 가슴 벅찬 순간들이 넘치도록 쌓였습니다. 나는 신경다양성 교실을 실천하시는 훌륭한 교사들과 독자들을 만나 그들의 이야기를 들으며 나의 교실에 대해 성찰할 수 있었습니다.

나는 다양한 현장의 목소리를 들을 수 있었습니다. '신경다양성 아이들은 모두 다른데 개별학생을 위한 강점기반 환경구축을 시도하는 것이 쉽지 않다' '담임교사 혼자서 하기에는 너무 버겁다' '학교 단위에서의 시스템이 필요할 것 같은데 어디서부터 어떻게 만들어가야 할지 감이 잡히지 않는다' '신경다양성 교실에서 장애 학생 한 명을 넘어 모든 아이들의 성장을 이끌고 싶은데 그런 것이 과연 가능할지 모르겠다' 등의 고민을 담은 이야기였습니다. 그리고 깨달았습니다. 《신경다양성 교실》에서 풀지 못한 과제들이 아직도 많이 있다는 사실을 말입니다.

나는 그 고민들을 해결해보고자 교육 전반에 관한 책들을 읽으며 특수교육에만 한정된 생각을 넓히고자 노력했습니다. 그리고 우리 교실에 끊임없이 적용해보았고 여러 선생님들과 만나 함께 고민해보았습니다. 수많은 선생님들이 직면하고 있는 학교와 교실의 어려움과 문제를 어떻게 풀어갈 것인지, 함께 나눠야겠다고 생각했습니다. 그래서 전작에서보다 더 깊은 숙고와 실천을 담은 신경다양성 교실 두 번째 이야기를 해보고자 합니다.

모든 교실은 신경다양성 교실이다

신경다양성 교실에서 강조하는 것

　　미국에서 신경다양성 교실을 연구했던 토머스 암스트롱은 신경다양성 학생들을 위한 긍정적 환경구축(Positive Niche Construction)을 위한 7가지 구성요소(강점 인식, 긍정적 역할모델, 보조공학 및 보편적 학습설계, 인적자원의 향상, 강점기반 학습전략, 직업에 대한 긍정적 기대, 환경수정)를 제시하였습니다. 이 요소들 모두 중요하지만, 현실의 우리 교실을 신경다양성 교실로 만들고 효과적으로 실행하려면 핵심에 집중하는 것이 필요했습니다. 그래서 《신경다양성 교실》에서는 신경다양성 학생의 **강점기반 진단하기**와 **강점기반 보편적 학습설계**라는 두 축으로 이야기를 풀었습니다.

강점기반 학생진단은 긍정적 환경구축의 7가지 구성요소 중 '학생의 강점인식'과 '긍정적인 역할모델' '직업에 대한 긍정적인 기대'에 관한 내용을 포함하고 있습니다. 나는 주로 학생의 자기보고와 교사의 관찰을 통해 강점을 찾았습니다. 그리고 강점을 진로와 연계하여 미래에 어떤 직업으로 발전시킬 수 있는지에 대해서 탐구하는 시간도 가져보았습니다. 이런 강점기반 학생진단 과정은 무엇보다 학생의 부정적인 면에서 관점을 바꿔 긍정적인 면에 집중하는 시간이었습니다.

강점기반 보편적 학습설계는 7가지 구성요소들 중에서 '보조공학 및 보편적 학습설계' '인적자원의 향상' '강점기반 학습전략' '환경수정'에 관한 내용을 포함하고 있습니다. 신경다양성 학생에게 맞는 보조공학과 학습전략, 환경수정, 인적자원의 다양한 옵션을 포함한 보편적 학습설계로 수업을 계획하여 실행하는 것입니다. 강점기반 보편적 학습설계는 신경다양성 아이들 앞에 놓여있는 장벽들을 없애는 데 초점을 맞추고, 교실에서 학습하고 생활하고 관계 맺는 데 긍정적 환경을 구축하는 일이었습니다.

《신경다양성 교실》은 이렇게 신경다양성 학생들의 긍정적인 면에 집중하고, 이 아이들의 학습에 어려움이 되는 장벽들을 최소화하는 환경을 구축하여 실천한 사례를 담고 있습니다. 이 책을 통해 많은 선생님들께서 신경다양성 학생들에 대한 새로운 시각을 가질 수 있게 되었다고 전해주었습니다. 이렇게 전국 곳곳에서 신경다양성 교실을 실천하는 선생님들의 이야기가 들려올 때면 뿌듯했습니다.

그러나 동시에 신경다양성 교실을 운영하거나 시도하면서 겪는 어려움이 여전히 많다는 이야기도 들었습니다. 신경다양성을 어떻게 이해하고 수용해야 하는지 쉽지 않다, 신경다양성 아이들의 강점은 어떻게 찾아야 하나, 신경다양성 아이들과 함께하는 학급운영은 어떻게 해야 하나. 신경다양성 교실을 효과적으로 운영하기 위해 누구와 어떻게 협력하고 어떤 지원을 받아야 하나, 신경다양성 교실에 대해 학부모들이 부정적으로 인식하고 있다면 어떻게 대처해야 하나 등 신경다양성 교실을 만들어가며 만나게 되는 여러 측면의 고민이었습니다. 나 또한 매해 신경다양성 교실을 꾸려가면서 새롭게 풀어야 할 과제들이 끊임없이 생긴다는 사실을 알게 되었습니다.

그래서 이 책에서는《신경다양성 교실》에서 제안한 신경다양성 교실의 두 가지 축에 좀 더 확장되고 깊어진 생각들을 더해 더욱 안정되고 효과적인 신경다양성 교실을 향한 생각의 물꼬를 터보고자 합니다. 지금부터 신경다양성 교실을 성공적으로 운영하기 위해 우리는 무엇을 고려해야 하는지에 대해 알아보겠습니다.

아이들은 모두 다르게 배운다: 다양성의 수용과 존중

나는 교사 연수를 다니며 수많은 교사들을 만났습니다. 초임교사부터 고경력 교사들까지 많이 만났는데, 지금껏 나는 국어, 영어, 수학, 과학을 가르치기 어렵다는 교사들은 단 한 번도 본 적이 없습니다. 교사들은 모두 교과교육의 전문가이기 때문입니다. 그런데 신경다양성 아이들을 어떻게 대하고 어떻게 가르쳐야 할지 모르겠다는 교사들은 경력과 무관하게 정말 많았습니다. 학령기 아이들의 수는 급속도로 줄고 있지만 신경다양성 아이들은 더 늘어나고 있으니 체감이 클 것입니다. 게다가 교사가 되는 과정에서 신경다양성 아이들과 관련하여 배운 바가 거의 없으니 그런 고민이 생기는 것은 당연할 것입니다. 내가 가장 먼저 해줄 수 있는 조언은 이것이었습니다. "아이들은 모두 다르고, 모두 다르게 배웁니다." 그것을 인정하는 것이 먼저라고 말씀드립니다.

신경다양성 교실은 우리 각자가 모두 다를 수 있다는 다양성에 대한 수용과 존중이 전제이자 출발이라고 생각합니다. 나는 신경다양성 아이들의 다름을 인정하자 오히려 더 편안해졌습니다. 내가 정한 기준에 아이들을 맞추려고 했을 때는 괴로웠습니다. 이 아이는 왜 이 정도 밖에 못할까 하는 답답한 마음도 들었습니다. 아이가 보이는 사회적 행동이나 학업성취가 적어도 평균 범위 안에 들어야 한다고 생각했습니다. 나는 그렇게 되도록 이끌어주어야 하는 사람이라고 여겼습니다. 평균 범위 안에 들지 않는 아이들의 모습을 보며 내가 꼭 개선해주리라 다짐하기도 했습니다. 그런 나의 편협한 생각은 결국 결함 중심 패러다임에 기초한 생각이었고, 나와 아이들을 더 깊은 수렁에 빠지도록 이끌었습니다.

신경다양성에 대해 알고 나서야 나의 시각이 잘못되었다는 것을 자각할 수 있었습니다. "아, 그 아이는 나와 다른 것뿐이었구나." 나의 좁은 시각에서 아이를 평가하려고 했기 때문에 내가 괴롭고 아이도 힘들다는 것을 알게 되었습니다. 사실 자신이 경험하지 않은 것까지 이해하는 일은 쉽지 않습니다. 하지만 모든 사람이 나와 똑같이 사고하고 똑같은 방법으로 세상을 배워나가지 않는다는 것은 충분히 이해할 수 있습니다. 나와 다른 다른 방식으로 생각을 하고, 다른 방법으로 더 잘 배울 수 있는 아이들도 있다는 사실을 받아들이는 것은 매우 중요합니다. 이는 교사에게도 다양한 가능성을 열어주기 때문입니다. 다양성의 존중과 수용이 없이는 신경다양성 아이들과 함께 할 수 없습니다.

특히나 다양한 인간 군상을 만나게 되는 의무교육기관의 교사들은 더더욱 나와 다른 성향과 기질을 가진 사람의 다름을 인정하는 덕목이 꼭 필요합니다. 그래서 교사는 더욱 신경다양성에 대한 이해가 꼭 있어야 한다고 생각합니다.

아이들은 모두 다르게 배웁니다. 이 말은 아이들마다 효과적으로 배우는 방식이 모두 다르다는 뜻입니다. 우선 아이들마다 생각을 하는 방식이 다를 수 있습니다. 어떤 아이는 이미지로 사고할 수도 있고, 어떤 아이는 언어적으로 사고할 수도 있습니다. 또한 선호하는 감각이 다를 수 있습니다. 특정 감각이 발달하여 그 감각을 활용한 학습은 잘 하는데 반해, 어떤 감각은 너무 예민해서 감각 과부하로 인해 학습에 어려움을 겪기도 합니다.

나는 전형적인 언어적 사고자입니다. 그리고 순차적 사고자이기도 합니다. 내가 생각한다고 할 때면 머릿속에 말과 글이 주로, 우선적으로 떠오릅니다. 그리곤 뭔가 내 머릿속에 떠오르는 생각의 조각들을 논리적으로 연결하여 의미가 통하게 하고, 그것을 언어적 스토리로 조직하는 일을 나도 모르게 늘 하는 것 같습니다. 나는 모든 사람들이 다 나처럼 생각하는 줄 알았습니다. 그런데 세상에는 시각적 사고자도 있고 공간적, 패턴적 사고자도 있다는 사실을 알고 놀랐습니다. 템플 그램딘은《비주얼 씽킹》이라는 책에서 자신이 시각적, 공간적 사고자라고 말합니다. 템플 그랜딘은 자폐스펙트럼이 있는 천재적인 동물행동학자입니다. 1947년생으로 팔순을 바라보는 여성입니다. 그녀가 태어나 자랄 당시에는 자폐증에 대해 의학적 진단조차 없었던 때라고 합니다.

그런 시대에 태어났으니 사회성과 언어 발달이 느리고 독특한 행동을 하는 자녀를 부모조차 받아들이기 참 힘들었을 것입니다. 그러나 그녀의 어머니는 그녀를 헌신적으로 돌보며 세상을 살아가는 방법을 밀착해서 가르쳤다고 합니다. 그런 어머니의 헌신으로 그녀는 박사가 되고 대학교수가 됩니다. 그리고 남들이 생각하지 못하는 창의적인 방식으로 혁신적인 도구들을 만들어냅니다. 축사에서 도축장으로 소를 이동시키는 활송장치라는 것이 있습니다. 그녀는 소의 시선에서 바라보고 느끼며 기발한 아이디어를 냈습니다. 소의 스트레스를 최소화하고 인도적인 도축이 가능하도록 곡선형 활송장치를 만든 것입니다. 그녀가 그런 장치를 만들어낼 수 있었던 것은 시각적 사고자였기 때문

     모든 교실은 신경다양성 교실이다

이라고 합니다.

템플 그랜딘에 의하면 대부분의 사람들은 언어적 사고자라고 합니다. 그런데 난독증이나 자폐스펙트럼을 가진 신경다양인 중에는 시각적 사고자들이 많다고 합니다. 그들은 학교 교육과정에서 공부를 못하는 사람들로 분류되어 능력없다고 낙인찍히지만, 사실은 언어적 사고자들이 생각해내지 못하는 놀라운 창의력을 가진 시각적, 공간적 사고자라는 것입니다. 템플 그랜딘이 복잡한 설계를 순식간에 만들어낼 수 있었던 것도 바로 시각적, 공간적 사고자였기 때문인 것입니다. 사람들의 사고방식은 저마다 다를 수 있을 뿐 아니라, 세상에는 다양한 스펙트럼의 사고자들이 있다는 사실을 알게 되어 놀라웠습니다.

지은정 작가의 《난독증을 읽다》에도 다르게 배우는 사람들에 대한 이야기가 나옵니다. 우리는 난독증은 학업에 심각한 방해가 되기 때문에 빠른 치료와 중재를 해야 하는 증상(학습장애)이라고만 생각하는 고정관념을 가지고 있습니다. 그러나 저자는 난독증에 대한 새로운 시각을 전해주고 있습니다. 난독증을 하나의 신경다양성으로 이해하는 것이 먼저이고, 난독증의 스펙트럼도 넓다고 합니다. 난독증은 사고하는 방식, 글을 이해하는 방식이 다를 뿐 아니라 독특한 사고방식으로 세상을 보기에 무척 창의적이고 혁신적일 수 있다고 합니다. 예술가, 발명가, 혁신적

기업가 가운데 난독증이 많은 이유가 그 때문인가 봅니다.

저자는 난독증이 있는 사람들은 시각적, 패턴적, 입체적 사고를 하는 사람들이라고 합니다. 읽기에는 큰 어려움이 없는 난독증 스펙트럼에 있는 사람들을 포함하면 5명 중 최소 1명은 있을 정도로, 우리가 생각하는 것보다 우리 주위에 많을 것이라고 여러 관련 연구를 들어 말합니다. 나는 저자의 책을 읽고 주변 사람들에게 '생각을 어떻게 하느냐고?' 물은 적이 있습니다. 의외로 많은 사람들이 이미지로 생각한다고 대답해서 놀라기도 했습니다. 모두가 나와 똑같은 방식으로 사고하는 것이 아니었습니다.

케임브리지대학교 발달정신병리학 및 실험심리학 교수로 세계적인 자폐 연구자인 사이먼 배런코언은 《패턴 시커》라는 책에서 인류의 진화를 이끈 두 축이 체계화 메커니즘과 공감회로라고 하였습니다. 체계화 메커니즘은 '만일-그리고-그렇다면'이라는 추론 과정을 통한 패턴을 찾는 것입니다. 인류는 이 과정을 수없이 반복해가면서 시스템을 발명하고 만들었다고 합니다. 법, 언어, 회계, 철학, 문학, 기계, 농업 등이 그것입니다. 반면 공감회로는 다른 사람의 생각과 감정을 짐작하고 자신의 생각과 감정도 알아차리는 능력입니다. 이러한 공감회로 덕에 인류는 의사소통을 하고 교육, 종교와 사상 등을 발전시킬 수 있었다고

     모든 교실은 신경다양성 교실이다

합니다. 이렇게 뇌에 일어난 인지혁명에서 체계화와 공감회로의 두 가지 축이 인류의 문명과 진화를 이끌었다고 합니다.

사이먼 배런코언은 이 가운데 특히 체계화 메커니즘이 자폐와 연결된다고 하였습니다. 고도로 체계화된 사람들의 유전자 중 일부와 자폐의 원인 유전자 중 일부가 일치한다는 것입니다. 그래서 체계적인 사람들이 많이 종사하는 STEM((Science, Technology, Engineering, and Mathematics: 과학, 기술, 공학, 수학) 분야 사람들에서 다른 직업군보다 자폐 특성이 많이 나타나고, 그 자녀에게도 자폐가 나타나는 비율이 2배나 높다고 합니다. 책의 제목인 '패턴 시커(Pattern Seeker)'는 패턴을 찾는 사람들이라는 뜻인데 체계화 메커니즘이 극대화된 반면 공감회로는 덜 발달된 상태에 있는 사람이라고 합니다. 자폐인을 포함한 이렇게 고도로 체계화를 추구하는 사람들인 패턴 시커들이 인류의 발명과 발견을 이끄는 사람들이라고 합니다. 토머스 에디슨이 그러했고, 아인슈타인이 그러합니다. 이들은 공감능력에서는 결핍을 가지고 있었지만, 체계자로서 가진 자신의 강점을 발휘하면서 인류의 발전에 지대한 영향을 끼치는 엄청난 것들을 발명·발견해 낼 수 있었습니다. 이들의 어린 시절 이야기를 보면 학교생활과 일상 관계에서 여러 어려움을 겪었다고 했습니다. 반면 끝없이 반복하는 끈질김, 무서운 집중력, 세부를 놓치지 않는 철

저함 등 자폐성향은 오히려 성공의 열쇠가 되었다고 할 수 있습니다.

패턴 시커들이 자신만의 재능을 꽃피울 수 있도록 하기 위해서는 자신의 관심분야를 마음껏 파고들 수 있도록 격려하고 응원해주어야 한다고 생각합니다. 그들의 관심이 세상 사람들의 흥미와 동떨어진 것이라고 걱정하기보다 그 관심을 통해 세상을 배워나갈 수 있도록 돕는 것이 신경다양성 아이들을 위한 길이 아닐까요? 패턴 시커들의 다름을 포용할 수 있는 유연한 학교와 사회가 되어야 우리 인류의 기술과 문화가 크게 발전하고, 보다 풍요로운 사회를 만들 수 있을 것입니다.

《패턴 시커》에는 체계화 지수와 공감화 지수를 테스트해볼 수 있는 체크리스트가 나옵니다. 나는 체계화 지수가 거의 0점에 가까웠습니다. 이 세상에 나같이 체계화 지수가 낮은 사람만 있다면 수많은 발명과 혁신은 누가 하겠습니까? 어쩌면 우리는 패턴 시커들에게 빚을 지고 있지 않을까 싶었습니다. 반면 나는 공감화 지수가 아주 높게 나왔습니다. 그래서 내가 교사라는 직업이 잘 맞았던 것이었습니다. 공감화 지수가 높은 사람들이 있기에 공동체를 이루고 협력하는 사회 시스템을 만드는 일이 가능하지 않았을까요? 체계자와 공감자 모두 우리 사회의 유지와 발전을 위해 꼭 필요한 사람들이었습니다. 우리는 결국 자신이

　　　　　모든 교실은 신경다양성 교실이다

잘하는 일, 좋아하는 일을 하면서 살아가면 됩니다. 그렇다면 우리는 훨씬 더 쉽게 자신만의 삶을 잘 살아 낼 수 있을 것입니다.

시각적·패턴적·입체적·공간적 사고자들을 위한 교육은 달라야 합니다. 언어적·순차적·선형적 사고를 하는 사람들이 배우는 방식으로는 그들이 효과적으로 배우지 못할 것이기 때문입니다. 시각적·패턴적 사고자들을 위한 특별한 교육 방법은 그들이 어떻게 세상을 배워나가는지 자세히 관찰해보면 알 수 있을 것입니다. 생각의 방식이 다르다는 것을 이해하면, 아이들이 보이는 반응과 행동에서 그 아이에게 맞는 학습 방법과 지도 방법에 대한 영감을 많이 얻을 수 있습니다.

《신경다양성 교실》에 난독증을 가진 학생의 사례로 수호 이야기가 나옵니다. 나는 수호가 5학년 때 만났습니다. 수호는 읽고 쓰기에는 어려움이 많았지만 만들기나 조립, 목공, 조소 등에 흥미를 보였습니다. 나는 수호가 나중에 커서 자신의 강점을 잘 살릴 수 있다면 난독증이 있어도 잘 살아갈 수 있을 것이라고 믿었습니다. 수호는 어느덧 고등학생이 되었습니다. 수호는 과학기술고등학교 친환경자동차학과에 진학했다고 합니다. 시각적, 입체적 사고를 하는 수호에게 딱 맞는 진로를 선택한 것입니다. 나는 수호가 멋진 엔지니어가 될 수 있을 것이라고 생각합니다.

얼마 전 TV에서 자폐스펙트럼장애를 가진 테이프 화가인 박태현 작가가 출연한 적이 있습니다. 박태현 작가는 우리 주변에서 흔히 볼 수 있는 색테이프로 그림을 그려내는 특별한 화가입니다. 밑그림도 그리지 않고 즉흥적으로 색테이프를 붙여가며 그림을 그리는 데, 없는 색은 마치 물감을 섞은 듯 여러 색의 테이프를 겹쳐서 만든다고 합니다. 가족과 여행을 다니며 보고 경험한 것들을 멋진 색테이프 작품으로 만들어내는 작가의 모습에 감탄하였습니다. 박태현 작가는 언어적 소통은 어렵지만 시각적 이미지로 세상과 소통하는 훌륭한 시각적 사고자의 모습을 보여주고 있었습니다.

학교는 대부분 언어적, 순차적 사고를 가르치는 일을 주로 합니다. 텍스트를 읽고 교사의 언어로 핵심내용을 전달하고 그것을 이해하고 기억하도록 하는 일이 보통의 교실 모습일 것입니다. 결국 언어적 사고자가 학습에 훨씬 더 유리합니다. 이러한 교실환경에서 신경다양성 아이들은 효과적으로 배우지 못할 수도 있습니다. 하워드 가드너는 인간에게는 언어적, 논리적 지능만 있는 것이 아니라고 말합니다. 이외에도 신체운동, 음악, 공간, 자연탐구, 대인관계, 자기성찰, 실존지능 등 다양한 지능영역이 존재한다고 합니다. 어떤 아이는 운동장에서 마음껏 뛰어다니며 배우기도 하고, 어떤 아이는 그림을 그려가며 배우기도 합니다. 어떤 아이는 노래를 흥얼거리며 배우기도 하고, 어떤 아이는 친구들과 이야기를 나누며 배우기도 합니다.

모두 다르게 배우는 아이들을 위해 보편적 학습설계가 필요합니다. 보편적 학습설계는 서로 다른 학습적 요구를 가진 학습자를 고려하여 학습장벽을 최소화하고, 다양한 선택권을 제공하여 일반교육과정에의 접근을 최대화하는 것을 말합니다. 보편적 학습설계는 학습에 어려움이 있는 아이들을 위해 단지 쉬운 내용으로 수정하는 것만을 의미하는 것이 아닙니다. 다르게 배우는 아이들을 위한 다양한 옵션을 제시하는 것이 보편적 학습설계라고 생각합니다. AI 시대에는 보편적 학습설계가 오히려 더 쉬워질 수 있을 것 같습니다.

《우리는 모두 다르게 배운다》라는 책을 쓴 이수인 대표는 다르게 배우는 신경다양성 아이들을 위한 교육 소프트웨어(토도수학 등)를 개발한 분으로 유명합니다.

"글자가 단번에 배워지지 않으면 천천히 오랫동안 글자를 가르쳐주고, 글자를 눈으로 잘 읽지 못하면 음성으로 들려주고, 집에서 쓰는 언어와 학교에서 쓰는 언어가 다르면 집에서 쓰는 말로 번역해주고, 색이 잘 보이지 않거나 소리가 들리지 않아서 답을 못 맞히는 일이 없도록 답을 모르는 문제를 만나지 않도록 도와준다.

표준화된 교과과정의 속도에 맞지 않는 아이들은 이런 맞춤형 학습을 통해 자신의 가능성을 최대한 발휘할 수 있다. 만약 디지털 도구가 현재의 학교에서 실패하는 아이들을 도울 수 있고 맞춤형 학습의 가격을 낮출 수 있다면 현재 교육이 맞닥뜨린 많은 어려움을 개선할 수 있을 것이다."

• 출처: 이수인, 《우리는 모두 다르게 배운다》.

이수인 대표는 이러한 디지털 교구를 발전시켜 학교에 가지 못하고 교육도 받지 못하는 탄자니아 아이들과 난민촌 아이들까지 교육을 받을 수 있게 하였다고 합니다. 개발도상국 아이들의 문맹 퇴치를 이루는 일에 큰 공을 세운 것입니다. 이러한 공적을 인정받아 글로벌 러닝 엑스프라이즈 대회 우승을 하며 사회적 기업가로 우뚝 서게 됩니다. 학습에 어려움이 있는 신경다양성 아이들을 위해 만든 소프트웨어가 세계 곳곳에까지 이르러 선한 영향력을 행사할 수 있었다니 정말 감동적이었습니다. AI 시대에는 다르게 배우는 아이들을 위해 적합한 교육환경과 도구가 풍부해지고, 교사가 직접 만들어주는 것이 훨씬 더 수월해질 것으로 기대합니다. 곧 다가올 미래교육의 모습도 그렇게 되지 않을까 싶습니다.

나는 신경다양성 아이들에게 교육과정의 모든 과목을 다 잘 해내라고 강요할 필요는 없다고 생각합니다. 신경다양성 아이들이 강점을 발휘하는 과목에만 집중해도 충분하다고 생각합니다. 하지만 많은 교사와 학부모들은 신경다양성 아이들이 관심을 보이는 분야에 대해 '제한된 관심'이라며 폄하하는 경향이 있습니다. 아마도 일반적이지 않은 관심 분야이기 때문일 것입니다. 하지만 나는 이러한 제한된 관심도 존중받아야 한다고 생각합니다. 신경다양성 아이들에게 모든 과목에서 높은 성취를 기대한다면 이 아이들은 자신이 잘하는 것조차 포기해버릴 수도 있습니다. 신경다양성 아이들에게는 넓은 교육과정보다 좁고 깊은 교육과정이 더욱 적합하다고 생각합니다. 거기서 자기만의 성취를 경험해야 좀 더 다른 분야로도 넓혀갈 수 있을 것입니다. 그들의 다름을 있는 그대로 주변 사람들이 수용하고 존중해줄 때 그들도 비로소 성장할 수 있을 것입니다.

빅데이터 전문가 송길영 작가는 《시대예보》라는 제목의 책을 시리즈로 내고 있습니다. 일기예보처럼 빅데이터를 기반으로 곧 다가올 미래의 모습을 예상한 책이라고 할 수 있습니다. 저자에 의하면 이제 우리 사회는 다양한 방향에서 독특한 생각을 하는 사람들이 중요한 시대가 되었다고 합니다. 다양성이 우리 생태계의 희망이 된다고 말하고 있습니다. 우리가 맞이한 저성장 사회에서는 생태계의 지속성이 중요한데 수평적 사고의 다양성으로 생태계를 유지시킬 수 있다고 합니다. 산업화 시대는 수직적 사고(논리적, 분석적으로 하나의 방향으로 깊이 파고드는 사고)가 유용했지만, 지금은 이미 확립된 패턴이나 상식에 얽매이지 않고 통찰력과 창의력을 발휘해 새로운 해결책을 찾는 수평적 사고와 그 다양성이 중요하다는 것입니다. 생물의 종은 개체 다양성이 확보되지 않으면 한 번에 멸종될 수 있습니다. 그래서 다양한 스펙트럼이 생기는 것이 중요합니다. 우리 사회 또한 다양성이 생존과 번영의 전제조건이 될 수 있다고 저자는 말합니다.

곧 다가올 우리의 미래에 다양성이 희망이라니, 신경다양성 연구자이자 교육자로서 나는 시대예보를 보고 안심할 수 있었습니다. 이제 신경다양인들도 그 자체로 인정받고 사회의 안전 시스템 안에서 더 잘 살아갈 수 있겠다는 생각이 들었습니다. 단일한 능력주의의 관념에 사로잡힌 시절에는 신경다양인은 세상 밖으로 나올 수 없었습니다. 그러나 사회적 관습이나 타인의 기대에 얽매이지 않고 자신의 가치와 목표를 중심으로 행동하는 삶의 방식이 중요한 시대에는 신경다양인도 안전하게 세상 밖으로 나올 수 있게 될 것입니다. 부디 시대예보가 적중하여 신경다양인들도 그 존재만으로 존중받는 사회가 되길 바랍니다.

  모든 교실은 신경다양성 교실이다

결함보다는 강점으로 시선 돌리기

신경다양성 교실은 결함보다는 강점에 집중합니다. 학생의 부정적인 면보다는 긍정적인 면에 집중하라는 의미라고 할 수 있습니다. 강점의 중요성은 누구나 다 아는 사실입니다.《신경다양성 교실》에서도 누누이 강조한 바 있습니다. 그런데 이게 말처럼 그렇게 쉽지만은 않습니다. 솔직히 신경다양성 아이들이 보이는 결함이 너무 크게 느껴집니다. 평범한 아이들과 금세 비교가 되면서 부정적인 면이 더 크게 부각되어 보이는 것이 사실입니다. 나는 신경다양성을 연구하는 교사이고 또 신경다양성 자녀를 양육하는 엄마임에도 신경다양성 아이들의 결함이 먼저 눈에 들어올 때가 많았습니다. 특히 새 학년이 되어 신경다양성 아이들을 처음 만나게 되었을 때면 기대보다는 걱정이 앞섰습니다. 저 아이와 어떻게 1년을 지내지? 하며 나도 모르게 근심하고 있는 모습을 발견하곤 화들짝 놀라기도 했습니다. 그런 나의 모습에 한동안 자책을 하기도 했습니다. 신경다양성 관점에서 강점을 보는 것의 중요성을 말하는 사람이 아이들의 결함을 먼저 보고 있으니 말입니다. 죄책감이 들기도 했습니다.

그러던 어느 날 한 책에서 이런 내용을 보았습니다. 인간에게는 부정성 편향이라는 것이 있다고 합니다. 인간은 긍정적인 면보다는 부정적인 면을 먼저 보게 되고, 부정적인 상황이나 정보에 더 민감하게 반응한다는 것입니다. 그래서 수많은 긍정적인 일보다 하나의 부정적인 일에 골몰하게 되고, 그것 때문에 마음의 상처를 받기도 합니다. 부정성 편향은 인간의 생존본능이라고 합니다. 위험한 상황에서 빨리 몸을 피해야 내가 살 수 있기 때문입니다. 내가 신경다양성 아이들의 긍정적인 면보다 부정적인 면에 더 빨리 반응했던 것은 지극히 본성적인 반응이었던 것입니다. 그 이야기를 읽고 나니 죄책감을 좀 덜 수 있었습니다. 내가 잘못된 것이 아니라는 것에 위로가 되었습니다.

그렇다면 신경다양성 아이들의 긍정적인 면을 보는 일은 인간의 본성을 거슬러야 하는 일입니다. 본성을 거스르기 위해서는 의도하고, 연습하고, 훈련하고, 노력해야 합니다. 그래야 긍정적인 면을 볼 수 있는 것입니다. 그렇지 않으면 1년이 지나도, 2년이 지나도 심지어 내 자녀여도 신경다양성 아이들의 강점을 찾을 수 없을 것입니다. 그래서 나는 신경다양성 아이들의 강점을 찾기 위해 눈을 크게 뜨고 의도적으로 긍정적인 면이 무엇이 있나 살펴봅니다. 예를 들어 아이가 눈을 반짝이는 때가 언제인지, 아이가 무엇을 할 때 환하게 웃는지, 시간 가는 줄 모르고 몰입할 때가 언제인지 등 그런 순간들을 포착해 내려고 의도합니다. 내가 마음속에 그런 의도를 품으면 반드시 찾게 되고 보게 됩니다. 그 어떤 문제아(?)라도 말입니다. 그렇게 신경다양성 아이들의 긍정적인 면을 찾게 되는 순간 놀라운 변화가 나에게 일어납니다.

첫 번째 변화는 아이와 나와의 관계가 좋아진다는 것입니다. 아직 내가 이 아이를 위해 아무것도 하지 않았는데도 말입니다. 내가 아이를 보는 시선이 바뀌자 아이도 나를 보는 시선이 바뀐 것을 느낍니다. '이 아이에게 이런 귀여운 면이 다 있었네.'라는 알아차림만으로도 아이와의 관계가 좋아지는 놀라운 경험을 나는 늘 합니다.

사람은 언어적 의사소통보다 비언어적 의사소통으로 상대에 대한 신뢰와 친밀감을 더 잘 형성할 수 있다고 합니다. 아마 아이도 나의 시선이 달라졌다는 것을 느꼈을 것입니다. 특히 주변에서 부정적인 시선을 많이 받아왔던 아이들이라면 선생님이 자신을 바라보는 시선이 긍정적으로 바뀌었다는 것을 좀 더 민감하게 알아차릴 수도 있을 것입니다. 관점을 조금만 바꿔도 우리의 표정, 어투, 표현, 몸짓 등에서 두려움과 불안 대신 긍정과 포용의 신호들이 나타나고 전달되기 때문이 아닐까 싶습니다.

아이의 강점을 보게 되면서 일어나는 두 번째 변화는 나에게 의욕이 생긴다는 것입니다. 신경다양성 아이로 인해 내가 힘들다고 느낄 때면 내 몸의 에너지가 다 빠져나가는 것과 같은 느낌을 받습니다. 내가 어찌할 수 없는 결함에 마음이 빼앗겨 버렸기 때문입니다. 결국 나는 아무것도 할 의욕이 생기지 않습니다. 무기력해져 버립니다. 하지만 아이에게 '이런 예쁜 면이 있었네. 저렇게 눈을 반짝일 때가 있구나.'라고 느끼게 되는 순간 전에 없던 의욕이 생깁니다. 그러면서 내 안에 에너지가 가득 채워지는 것을 느낍니다. 그 힘으로 나는 아이를 위해 다양한 시도를 즐겁게 해나갈 수 있었습니다. 그런 과정에서 아이는 교실 공동체에 잘 어우러지는 모습을 보여주었습니다.

《버츄 프로젝트 수업》을 쓰신 권영애 선생님은 이것을 '에너지 전환'이라고 말합니다. 교사가 두려움의 에너지 속에 있을 때는 아이의 문제에만 집중하게 되고 부정적 에너지를 불러올 뿐이어서 아이들은 무의식적으로 교사의 두려움의 에너지 파장을

      모든 교실은 신경다양성 교실이다

알아차린다고 합니다. 그 마음은 금세 전염되어 문제아라고 명명된 아이는 더 많은 문제를 일으킬 수밖에 없게 됩니다. 그러나 교사가 두려움에서 벗어나 사랑의 에너지 상태로 전환하게 되면 아이는 존재 자체로 사랑받는 따뜻한 느낌을 무의식에 저장하게 된다고 합니다. 교사가 아이를 향해 측은지심, 사랑, 연민, 역지사지와 같은 감정들을 느끼면서 에너지 전환이 일어날 때 아이는 달라진다고 합니다. 사람에게 필요한 건 훈계나 가르침이 아니라 가슴으로 전해지는 사랑 에너지 그 자체라고 권영애 선생님은 말씀하십니다.

신경다양성 교실에서 결함에만 집중하던 에너지를 전환하여 강점에 집중하는 것도 같은 원리일 것입니다. 결함만 들여다보고 있으면 두려움의 에너지로 가득 차게 됩니다. 교사도 소진되고 아이도 소진되고 맙니다. 교사와 아이들은 말하지 않아도 서로 마음과 마음으로 교감하고 있습니다. 두려움의 에너지에서 사랑의 에너지로 바뀌어야 비로소 아이가 성장하고 변화할 수 있다는 것은 지극히 자연스러운 이치일 것입니다.

나는 그동안 교사 연수 강사로 활동하며 신경다양성 아이들과 함께하는 교사들을 많이 만날 수 있었습니다. 나는 강의를 하며 아이들의 강점찾기가 왜 중요한지에 대해 열심히 이야기합니다. 선생님들은 연신 고개를 끄덕이며 나의 이야기에 공감을 표현해 주십니다. 그렇게 강의를 마치고 나면 몇몇 선생님들이 남아서 자신의 학급 아이들에 대한 이야기를 들어달라며 상담을 요청하십니다. 선생님들의 이야기를 들으면 신경다양성 아이들과 정말 힘들게 학교생활을 하고 있다는 것을 느낄 수 있어서 마음이 아프기도 합니다.

한참을 나에게 이야기를 쏟아내신 선생님들은 끝으로 이 아이를 어떻게 하면 좋겠냐며 조언을 구합니다. 그러면 나는 선생님들께 되묻습니다. "선생님, 지금까지 이 아이의 어려운 점에 대해 말씀해 주셨는데요. 이 아이의 긍정적인 면은 무엇이 있을까요?" 내가 이렇게 질문하면 선생님들은 깜짝 놀라며 말씀을 하십니다. "아, 사실 이 아이의 긍정적인 면에 대해 한 번도 생각해 본 적이 없었네요."라고 말입니다.

그럼 나는 지금 생각해 보시라고 말씀드리고 기다립니다. 그러면 곧 선생님들은 두 눈을 반짝이며 말씀을 하십니다. "가만히 생각해 보니 이 아이는 공부를 못하고 학습이 느려서 그렇지 다른 친구들과는 별 갈등이 없었던 것 같아요." "집중을 못 하지만 지적해주면 다시 잘 쳐다봐요." 이런 말씀들을 술술 하십니다. 그러면 나는 "바로 이거에요. 거기에 집중하시면 됩니다."라고 말씀드립니다. 나는 선생님들께 어떤 특별한 솔루션도 제시하지 않았지만 선생님들은 아주 만족스러운 표정으로 답을 찾은 듯 나와 헤어집니다. 나는 그냥 시선을 바꿀 수 있도록 도와주었을 뿐입니다.

나는 학부모 연수도 종종 합니다. 주로 특수교육대상 학생들의 학부모를 대상으로 한 연수입니다. 신경다양성 학생들의 부모님을 만나는 일은 쉽지만은 않습니다. 그 삶의 무게가 얼마나 힘겨울지 누구보다도 잘 알기에 말 한마디도 신중하게 하려고 합니다. 나는 강의를 마치면 학부모님과 자신의 자녀에 대해 소개하는 시간을 가집니다. 자녀를 소개할 때는 자녀의 강점을 말하면서 소개하는 미션을 드립니다. 예를 들어 "우리 기쁨이는 밝은 아이이고, 그림 그리는 것을 아주 좋아하는 아이입니다."라고요.

신경다양성 아이의 학부모 중에는 이 쉬운 미션을 잘 해내지 못하고 머뭇거리는 경우가 많습니다. 한 분씩 차례대로 이야기하는데 어떤 분이 한동안 말씀을 하지 못했습니다. 우리는 이분이 말씀하실 때까지 조용히 기다렸습니다. 한참을 머뭇거리시다가 드디어 말문을 여셨습니다. 이분은 울먹이며 이런 말씀을 하셨습니다. "저는 아이가 태어나서 지금까지 누군가에게 우리 아이의 강점에 대해 말해 본 적이 없었습니다. 제가 만난 치료실 선생님들과 학교 선생님들께 늘 아이의 힘든 점만 말씀드린 것 같습니다." 이렇게 말씀하시고 한참을 흐느껴 우셨습니다. 그곳에 있던 우리는 모두가 눈물을 흘렸습니다. 그 마음에 모두 공감하고 있었던 것입니다. 내가 하는 학부모 연수는 거의 자조 모임이 되어버립니다. 나도 신경다양성 아이의 엄마이기에 학부모님들과 이런 이야기를 나누면서 함께 울어버립니다.

학부모님들은 연수 후기로 다음과 같은 이야기를 전해주십니다. 처음으로 결함에 대한 집착을 내려놓고 아이의 강점으로 시선을 바꿀 수 있었던 시간이 되었다고, 앞으로는 더욱더 아이의 긍정적인 면을 보고 격려해줄 것이라고 하십니다.

사실 결함중심 패러다임에 가장 매몰되었던 사람은 바로 나입니다. 나는 우리 아이가 초등학교에 들어가기 전까지 내가 뼈를 깎는 노력을 하면 이 아이가 정상 범주에 들지 않을까 하는 희망을 가졌습니다. 나는 정말 뼈를 깎는 노력을 했습니다. 어떤 노력을 했냐면, 바로 전국 팔도의 유명하다는 치료사들을 다 만나보고 다니는 것이었습니다. 치료사를 만나려면 치료비가 필요합니다. 치료비의 부담이 만만치 않습니다. 휴직하고 있던 나는 돈이 없어 집을 팔아 치료비에 썼습니다. 그렇게 노력한 나의 결론이 무엇인지 아십니까? 이 세상에 참 나쁜 사람들이 많다는 것입니다. 이 나쁜 사람들의 공통점은 자신의 치료실에서 치료를 받으면 아이가 정상이 될 것이라고 말합니다.

신경다양성 아이들은 치료받아서 정상이 될 수 없습니다.

     모든 교실은 신경다양성 교실이다

단지 사회적 기술을 학습하고 습득해서 정상처럼 보일 뿐입니다. 신경다양성 아이가 태어날 때부터 가지고 있던 독특한 특성과 성향은 없앨 수 있는 것이 아닙니다. 평생 가지고 살아가는 것입니다. 나는 나쁜 사람들에게 당하고 나서야 정신을 차릴 수 있었습니다. 내가 지나치게 결함에만 골몰해 있었기에 그런 사람들을 만나게 된 것입니다. 그래서 나는 더욱 이를 악물고 공부했습니다. 내가 만나는 아이들과 학부모님들이 그런 사람들에게 휘둘리지 않도록 내가 똑바로 길을 안내하리라 결심했습니다.

나는 8년 만에 복직하고 나서 더이상 아이를 데리고 치료실에 다닐 시간이 없었습니다. 그리고 무엇보다 돈이 없었습니다. 나는 모든 치료실을 그만두고 아이가 학교생활에 집중할 수 있도록 했습니다. 그러자 아이가 너무 행복해졌습니다. 저 또한 편안해졌습니다. 그제야 아이가 성장하는 것이 눈에 보이기 시작했습니다.

유아특수교사이자 조기개입전문가인 남보람 박사님은《자폐 영유아와 함께 놀이하며 성장하기》에서 인터넷에 돌아다니는 치료법에 현혹되어서는 안 된다고 말합니다. 신경다양성 아이들을 완치할 수 있는 치료법을 개발한 사람이 있다면 그 사람은 벌써 노벨상을 받아야 했을 것이라고 말합니다. 기적의 완치법은 없는 것입니다.

여전히 많은 신경다양성 자녀의 부모들이 아이들의 치료에 집착하는 모습을 봅니다. 어린 초등학생이 수험생처럼 치료실 투어를 하는 모습을 보기도 합니다. 왜 이 아이들은 소중한 일상을 그렇게 힘들게 보내야 하는지 안타까웠습니다.

루빈의 꽃병

루빈의 꽃병이라는 그림은 덴마크의 심리학자 에드가 루빈이 고안한 그림입니다. 이 그림에서 흰색에 집중하면 꽃병이 보일 것입니다. 반대로 검정색에 집중하면 사람의 옆모습이 보입니다. 루빈의 꽃병은 우리가 두 가지 그림을 동시에 볼 수 없다는 인지적 사고를 설명하는 그림이라고 합니다. 인간이 의식의 초점을 어디에 두느냐에 따라 전혀 다르게 볼 수 있다는 사실을 깨우쳐 줍니다.

우리가 아이의 부정적인 면을 보게 되면 그것만 더 부각돼 보이기 마련입니다. 하지만 부정적인 면에 집중된 시선을 거두고 긍정적인 면을 보게 되면 어떤 아이든 반짝반짝 빛나는 별이 될 수 있습니다. 우리는 의도적으로 아이들의 긍정적인 면을 보아야 합니다.

나는 나태주 시인을 좋아합니다. 나태주 시인은 초등교사였습니다. 시인의 '풀꽃'은 언제 읽어도 행복해지는 시입니다.

풀꽃

자세히 보아야 예쁘다.

오래 보아야 사랑스럽다.

너도 그렇다.

이 시는 나태주 시인이 교장 선생님이셨을 때 쓰셨다고 합니다. 그 학교에 가장 힘들었던 신경다양성 학생을 보면서 들었던 마음을 시로 쓰신 거라고 한 인터뷰에서 말씀하셨습니다. 나는 그 이야기를 듣고 '풀꽃'이 더 좋아졌습니다. 그때부터 나태주 시인의 팬이 되었습니다. 나태주 시인의 또 다른 시 '어린아이'라는 시도 시선의 중요성을 잘 말해주고 있습니다.

어린아이

예쁘구나 생각했더니

방긋 웃는다.

어린아이

귀엽구나 말했더니

꾸벅 인사한다.

하나님 보여주시는 세상이

이와 다르지 않다.

　이 짧은 시 속에도 아이들을 바라보는 시선의 중요성이 너무나 잘 드러나 있습니다. 그 어떤 말보다 더 마음에 와닿는 것 같습니다. 나태주 시인의 시가 전 국민의 사랑을 받는 이유가 바로 이 따뜻한 시선 때문인 것 같습니다. 인간은 누구나 본능적으로 자신의 긍정적인 모습을 타인이 봐주기를 바라는 마음을 가지고 있다고 생각합니다. 나태주 시인은 그 마음을 아름다운 시로 표현해 주신 것입니다. 혹 여전히 부정적인 면에 마음이 가 있다면 지금부터라도 아이들의 사랑스러운 모습에 집중해 보셨으면 좋겠습니다.

　　모든 교실은 신경다양성 교실이다

강점은 어떻게
찾아야 할까?

그렇다면 도대체 강점은 어떻게 찾아야 할까요? 나는 하워드 가드너의 다중지능이론을 기반으로 아이들의 강점을 찾으려고 노력합니다. 가드너는 심리학자로서 다중지능이라는 지능에 대한 폭넓은 이해를 제시한 분으로 유명합니다. 앞에서도 언급했듯이 가드너는 인간에게는 누구에게나 9가지 지능 중 강점이 되는 지능이 있다고 합니다. 바로 언어지능, 논리수학지능, 자기성찰지능, 음악지능, 대인관계지능, 공간지능, 신체운동지능, 자연탐구지능, 실존지능이 그것입니다. 강점지능은 한 아이와 다른 아이를 비교하는 것이 아닙니다. 한 아이의 여러 가지 특성 중 우세한 것이 바로 강점지능입니다. 그러니 누구든 자기만의 빛나는 별이 있습니다. 나는 우리 반 아이들을 한 명씩 바라보면서 이 아이는 어떤 강점지능이 있는지 찾아보는 것이 나만의 즐거운 취미생활이랍니다.

다중지능을 교육에 적용한 사례는 토머스 암스트롱의《다중지능과 교육》이라는 책에 잘 나와 있습니다. 토머스 암스트롱은 강점지능을 평가할 때 표준화된 검사로만 하지 말라고 당부합니다. 표준화된 검사는 전체적인 능력 범위에서 작은 일부분만 측정할 뿐 최선의 방법은 아니라고 했습니다. 그렇다면 어떻게 강점지능을 알 수 있을까요? 바로 관찰입니다. 지속적이고 누적된 관찰을 통해 강점지능을 제일 잘 파악할 수 있다고 합니다. 이러한 관찰은 아이와 가장 가까이서 오랜 시간을 보내는 교사와 부모가 누구보다 잘할 수 있습니다.

그러면 무엇을 관찰해야 할까요? 이에 대한 토머스 암스트롱의 답은 의외였습니다. 바로 학교에서 자주 저지르는 실수와 쉬는 시간의 행동을 관찰하라고 합니다. 먼저 **학교에서 자주 저지르는 실수**는 그야말로 선생님에게 지적받는 문제행동입니다. 아니 문제행동이 문제행동이지 어떻게 강점지능이야? 하는 의문이 들었습니다. 하지만 예시를 읽고 내가 직접 관찰하며 강점을 찾다보니 이해가 되었습니다. 우리 반 아이들의 예를 들면 이렇습니다. 우리 반 아이 중 교과서에 온통 낙서를 하는 아이가 있었습니다. 새 교과서를 받은 지 얼마 되지도 않았는데 교과서 겉표지와 삽화에 온갖 그림이 그려져 있었습니다. '국어'가 '북어국'으로 바뀌어 있었습니다. 나는 그 아이에게 다가가 왜 교과서를 이렇게 함부로 다루냐며 나무랐습니다. 그런데 이 아이는 매일 뭔가를 끄적였고, 머릿속에 떠오른 재밌는 아이디어를 그림으로 나타내며 시각적 이미지를 즐기는 특별한 재능이 있는 아이였습니다. 다시 말해 공간지능이 무척 높은 아이였습니다.

또 우리 반 아이 중에 파충류 마니아가 있었습니다. 이 아이는 우리 학교 도서실에서 항상 파충류와 관련된 책만 빌려서 봅니다. 집에도 그런 책들이 많다고 합니다. 나에게 파충류 책을 보여주며 참 신기한 내용이 있으니 한번 읽어 보라고 합니다. 사실 나는 파충류에 별 관심이 없어서 대충 읽었습니다. 그러던 어느 날 아침에 아이가 등교했을 때의 일입니다. 나를 반갑게 부르며 인사하길래 돌아보았는데 나는 깜짝 놀라서 뒤로 넘어질 뻔했습니다. 아이가 집에서 기르는 도마뱀을 가지고 온 것입니다. 자기 손에 도마뱀을 올려놓고 나에게 들이민 것입니다. 나는 소리를 질러버렸습니다. 나는 파충류가 정말 싫습니다. 맞습니다. 이 아이는 자연탐구지능이 높은 아이였습니다. 이렇게 학교에서 지적받는 행동이 오히려 이 아이들의 강점지능인 것입니다.

다음은 **쉬는 시간의 행동을 관찰**하라고 합니다. 쉬는 시간은 그야말로 자유로운 활동을 해도 되는 시간입니다. 그때 아이의 가장 자연스러운 모습을 관찰할 수 있습니다. 나는 쉬는 시간 종이 울리면 우리 반 아이들의 모습을 가만히 관찰해 보았습니다. 어떤 아이는 축구를 하러 운동장으로 뛰쳐나갑니다. 어떤 아이들은 교실 구석에서 레슬링을 하면서 놉니다. 어떤 아이는 보드게임을 합니다. 어떤 아이는 식물을 관찰합니다. 신경다양성 아이들 중에는 쉬는 시간에 자기만의 시간을 즐기는 아이들도 있습니다. 아이들이 다 나가고 없는 조용한 교실에서 좋아하는 캐릭터를 그리면서 혼자만의 시간을 만끽하기도 합니다. 아이들의 모습을 자세히 관찰하다 보면 모두가 다 다르다는 것을 알 수 있습니다. 나는 그런 모습들이 신기하게 느껴졌습니다.

다음은 《다중지능과 교육》에 나오는 강점지능의 예시를 발췌한 것입니다.

언어지능

사소한 사실도 잘 기억함.

말장난과 같은 발음이 어려운 어구를 재미있어함.

이야기 듣기를 좋아함.

　　　　　　　　　　모든 교실은 신경다양성 교실이다

논리수학지능

바둑, 체스 전략게임을 잘함.

수수께끼를 좋아함.

컴퓨터 코딩, 게임을 좋아함.

공간지능

텍스트보다 시각적 이미지를 즐김.

그림에서 더 많은 정보를 얻음.

교구에 낙서하는 것을 좋아함.

몽상을 많이 함.

신체운동지능

타인의 몸짓, 버릇 등을 아주 잘 흉내냄.

새로운 물건에 관심이 높음. 공예(바느질, 목공, 조소)를 좋아함.

미세한 운동협응능력을 가지고 있음.

운동은 못해도 사부작거리며 만드는 것을 좋아함.

음악지능

흥얼거리는 것을 좋아하고 책상을 리드미컬하게 두드림.

음악에 감정적인 반응하기. 음악에 맞춰 춤을 춤.

교실 밖에서 배운 노래를 부름.

대인관계지능

자연스럽게 리더가 됨.

실생활에서 대처능력이 뛰어남.

또래집단에 속하는 것을 좋아함.

아이들을 가르치는 것을 좋아함.

공감능력이 높음.

자기성찰지능

독립심과 강한 의지를 가짐.

자신의 능력과 약점에 대한 현실적 감각을 가지고 있음.

부정적 경험에 대한 회복력이 높음.

자연탐구지능

야외에서 구름의 모습, 동식물 등을 보며 사물의 특별함을 예민

하게 찾아냄.

교실보다 밖에서 배우는 것을 좋아함.

• 출처: 토머스 암스트롱, 《다중지능과 교육》 4판.

    모든 교실은 신경다양성 교실이다

이 외에도 책에 더 많은 예시가 나와 있으니 참고하시기 바랍니다.

그렇다면 강점지능을 알면 뭐가 좋은데?라고 생각하실 수 있습니다. 아이의 강점지능을 파악하면 그 강점지능을 활용한 수업을 설계할 수 있습니다. 특히 학습에 어려움을 겪는 아이를 수업에 참여시키기 위해서는 그 아이의 강점을 활용하는 것이 가장 효과적입니다. 신경다양성 아이들은 학교에서 위축된 모습을 보이는 경우가 많습니다. 이런 아이들이 자신의 강점지능을 뽐낼 수 있는 기회가 수업시간에 주어진다면 아이들은 그 수업에서 주인공이 될 수 있습니다. 아이들의 자존감은 몰라보게 향상될 것입니다. 그 작은 성취의 경험이 더 큰 성취를 이끌 것이고 곧 아이들이 성장하는 모습을 목격하게 될 것입니다. 사실 통합교육의 성공은 수업에서의 참여가 핵심입니다.

《모두 참여 수업》의 신상미 선생님 글에서 사회 역할극 시간에 대한 이야기가 나옵니다. 이 수업은 역사 수업임에도 다양한 지능을 활용한 수업이었습니다. 사회시간에 배운 역사 지식을 즉흥 역할극으로 만들어 활동하는 과정이 상세히 그려집니다. 선생님의 교과서 역사 지식에 대한 내용 설명이 끝나고 아이들에게 갑자기 즉흥적으로 역할이 주어집니다. 아이들은 대본도 없이 즉흥 역할극을 시작합니다. 아이들은 갑자기 잠에서 깨어난 듯 두 눈을 반짝이며 역사적 지식을 자신의 것으로 만들어가고 있었습니다. 나는 그 모습을 보며 감탄했습니다. 신상미 선생님의 사회수업은 언어적 지능만을 활용하는 것이 아닌 신체운동지능, 대인관계지능 등을 다양하게 활용한 수업사례였습니다.

예전에 유튜브에서 임용고시를 준비하는 한 학생이 교육과정을 랩으로 외우는 모습을 영상으로 올렸습니다. 너무 웃기고 재밌어서 한참을 보았습니다. 그러다 댓글을 읽게 되었는데 "이 영상을 올려줘서 고맙다. 기다렸다. 이렇게 외우니 잘 외워지더라"고 하면서 열광하는 글이 많았습니다. 바로 음악지능의 강점을 활용한 사례였습니다. 이렇게 우리는 다양한 강점지능을 수업에 활용할 수 있습니다.

미국의 교육학자 마이클 웨마이어와 제니퍼 커스가 쓴《강점기반 시대의 통합교육》이라는 책에서 미래의 통합교육은 4세대 통합교육으로서 강점중심 통합교육이 될 것이라고 말합니다. 1세대 통합교육이 물리적 통합교육이었다면, 2세대 통합교육은 사회적 통합에 주력하였고, 3세대 통합교육은 교육과정적 통합교육을 시도하였습니다. 4세대 통합교육인 미래의 통합교육은 강점기반의 맞춤형 지원을 강조하는 강점중심 통합교육이라고 합니다. 저자들은 강점기반 접근법은 학생과 교사 간의 긍정적인 관계를 만들어갈 수 있다는 점에서 상당한 힘이 있다고 말합

    모든 교실은 신경다양성 교실이다

니다. 강점에서 시작할 때 학생의 가능성과 자기결정을 향상시킬 수 있다고 합니다. 신경다양성 교실이 바로 4세대 강점중심 통합교육이라고 할 수 있습니다.

하지만 우리나라의 교육은 강점중심 교육과는 여전히 거리가 멀어 보입니다. 우리나라처럼 아이들에게 잘 못하는 것을 잘하라고 강요하는 나라도 없을 것입니다. 우리나라에서는 모든 아이들이 국영수를 잘해야 합니다. 예술에 재능이 있어도 운동에 재능이 있어도 상관없이 모두 다 국영수 점수가 잘 나와야 좋은 대학에 갈 수 있습니다. 방학이 되면 많은 학원에서 광고가 쏟아집니다. 방학특강으로 취약한 과목을 따라잡아야 한다는 광고가 제일 많이 눈에 띕니다. 중고등학생들은 방학에도 쉬지 못하고 잘 못하는 과목의 성적을 올리려고 꾸역꾸역 학원에 갑니다.

초등학생들도 마찬가지입니다. 초등학생 학부모들은 우리 아이가 운동을 못하니까 운동학원에 보내고, 수학을 못하니까 수학학원에 보내고, 글을 잘 못쓰니까 논술학원에 보낸다고 합니다. 왜 그렇게 못하는 것에만 집착할까요? 아마도 우리나라 유·초·중·고등학교의 교육이 모두 대학입시라는 하나의 커다란 목표에 수렴되어 있기 때문일 것입니다. 입시에서 좋은 성적을 받는 것이 학령기 12년 동안의 최대 목표가 되어버린 것입니다. 그래서 우리나라 아이들 대부분은 자신의 강점이 무엇인지도 모르고 그것을 발휘할 기회조차 없이 아동기와 청소년기를 보냅니다.

학부모와 교사들은 우리 아이가 무엇을 할 때 두 눈을 반짝이는지 가만히 관찰해 보시길 바랍니다. 단, 자신의 선호와 취향, 판단을 모두 내려놓고 오로지 객관적인 시선으로만 관찰하는 것입니다. 그리고 관찰한 내용을 짧은 글로 써 내려가 보시기를 바랍니다. 그 관찰기록들이 모이면 아이의 진로가 보일 것입니다. 그 방향으로 아이를 이끌어주고 도와준다면 아이는 분명 행복한 삶을 살 수 있을 것입니다.

여기서 잠깐! 신경다양성 교실이 강점을 중시한다고 해서 결함은 무시해도 된다고 생각하면 안 됩니다. 신경다양성 아이들의 결함이 무엇인지 정확히 알고 있는 것도 아주 중요합니다. 그래서 나는 신경다양성 아이들의 **특수교육적 진단**도 빼놓지 않고 꼭 합니다. 진단이 중요한 이유는 아이를 **이해**하기 위해서입니다. 그런데 종종 학부모님들이 오해하는 경우가 있습니다. 교사들이 자녀의 진단을 권유할 때 몇몇 학부모들은 왜 우리 아이에게 낙인을 찍으려고 하냐, 왜 안 좋은 프레임을 씌워서 아이를 바라보냐면서 역정을 내기도 합니다. 교사들은 아이를 낙인 찍으려고 진단을 권하는 것이 아닙니다. 아이의 특성을 제대로 이해하기 위해서 진단을 권하는 것입니다. 내 아이를 이해하고

　　　　　　　모든 교실은 신경다양성 교실이다

나면 부모님은 아이를 있는 그대로 존중해줄 수 있습니다. 그 시작이 바로 진단입니다.

물론 학부모님들의 마음도 이해합니다. 교사가 진단을 권할 정도면 학부모님들도 이미 내 아이가 조금은 다르다는 것을 눈치채셨을 것입니다. 그러나 그것을 진단을 통해 확인받고 싶지는 않은 것입니다. 아이의 다름을 받아들이는 것이 두렵기 때문입니다. 하지만 두려움은 순간일 뿐입니다. 내 아이의 다름을 받아들이고 나면 오히려 훨씬 편안해집니다. 아이의 행동이 이해가 되고 수용이 되기 때문입니다. 나는 진단을 통해 아이와 더 좋은 관계를 맺게 되는 학부모님들을 많이 보았습니다. 아이에 대한 높은 기대를 내려놓고 무엇이 진정으로 아이를 위한 길인지 찾기 시작하는 모습들을 보았습니다. 의학적 진단을 통해 치료가 필요하다면 적극적인 치료도 해야 합니다. 그것 또한 신경다양성 아이를 돕는 길입니다.

나는 균형 잡힌 시각에서의 신경다양성 관점을 유지하려고 노력합니다. 《Colorful Brain Friends》라는 책을 쓴 차예진님은 한 칼럼에서 신경다양성에 대한 균형 잡힌 시각에 대해 잘 설명하고 있습니다. 자폐 전문가인 사이먼 배런코언의 말을 인용하여 다음과 같이 설명하였습니다.

"사이먼 배런코언에 의하면 자폐는 4D에 해당한다고 합니다. 즉, 다름(Difference)이자 장애(Disability)이며, 이상(Disorder)이자 질병(Disease)이라고 설명합니다. 신경다양성도 4D에 해당합니다. 이상과 질병은 치료해서 고통을 없애는 것이지만 다름과 장애는 치료해서 부정적인 면을 없앨 수 있는 것이 아니므로 다름은 인정하고 장애는 지원해야 하는 것입니다."[*]

신경다양성이 있는 아이들은 정확한 진단을 통해 사회적 지원이 필요하다면 지원을 받아야 합니다. 의학적 치료나 상담이 필요한 부분이 있다면 그것 또한 적극적으로 해야 합니다. 그러고 나서 교사와 부모는 아이의 다름을 인정하고 강점에 집중하여 아이의 성장을 도와야 합니다. 그것이 균형 잡힌 시각이라고 생각합니다.

---

[*] 한국영아발달조기개입협회 칼럼(https://kici.or.kr/?s=차예진)

인지교육보다는 비인지교육이 먼저

　신경다양성 교실에서는 인지교육보다 비인지교육이 우선입니다. 나는 신경다양성 교실을 실천하면서 아이들에게 중요한 역량이 인지능력보다 비인지능력이라는 사실을 알게 되었습니다. 그러면 인지교육이 무엇이고, 비인지교육은 무엇일까요? 인지교육은 전 세계의 어느 학교에서든 공통적으로 강조하는 교육입니다. 바로 언어와 수학이 대표적입니다. 우리나라에서 주지교과로 불리는 국어, 영어, 수학, 사회, 과학이 인지교육에서 가장 중요시하는 과목입니다. 반면 비인지교육은 사회적 관계맺기와 정서 등을 다루는 교육을 말합니다. 인지교육은 익숙하지만 비인지교육은 낯설게 느껴질 것입니다. 비인지교육의 중요성은 최근에서야 강조되고 있기 때문입니다.

그동안 학교에서는 인지능력에만 주목했지 비인지능력은 그냥 저절로 키워지는 것이라고 여기며 큰 관심이 없었습니다. 나 또한 예전에는 아이들이 지식을 하나라도 더 암기하고 좋은 성적을 받도록 하는 것이 교사의 가장 중요한 역할이라고 생각해 공부만을 주로 강요했습니다. 그러나 이제는 아닙니다. AI 시대를 살아가는 아이들에게는 지식을 암기하는 것이 예전보다 그렇게 중요하지 않을 것입니다. 자신의 마음을 알아차리고 돌볼 수 있고 다른 사람과 좋은 관계를 맺을 수 있는 사회정서역량을 키워주는 것이 더욱 중요한 시대가 되었습니다. 이 사회정서역량을 키울 수 있는 교육이 바로 비인지교육입니다. 그렇다고 인지교육이 중요하지 않다는 것이 아닙니다. 인지교육은 학교에서 매일 시간표대로 예나 지금이나 하고 있습니다. 여기서 인지교육보다 비인지교육이 먼저라는 것은 비인지교육의 바탕에서 인지교육을 좀 더 효과적으로 할 수 있다는 것입니다.

이는 뇌과학적으로도 밝혀진 바 있습니다. 인간의 뇌는 아래에서 위로, 뒤에서 앞으로 발달한다고 합니다. 엄마의 배 속에 있을 때 제일 먼저 목뼈 바로 위에 있는 뇌간이 생깁니다. 뇌간은 심장박동과 혈압을 조절하는 등 생명 유지에 필수적인 기능을 관장합니다. 다음은 그 위에 감정의 뇌라 불리는 변연계가 발달

   모든 교실은 신경다양성 교실이다

합니다. 변연계는 감정, 행동, 기억 등의 여러 가지 기능을 담당합니다. 변연계는 사춘기 때 왕성하게 발달합니다. 마지막으로 머리 앞쪽에 있는 전두엽이 가장 늦게 발달합니다. 전두엽은 영장류의 뇌라 불리며 고차원적인 실행기능을 담당하고 있습니다. 전두엽은 초등학교 때부터 20대 후반까지 천천히 발달하는 부위입니다.

전두엽과 변연계는 끊임없이 상호작용하며 영향을 주고받습니다. 변연계에는 편도체라는 부위가 있는데 두려움의 감정에 반응하면 활성화됩니다. 편도체가 활성화되면 전두엽으로 가는 혈액이 일시적으로 줄어들게 됩니다. 쉽게 말해 부정적 사고가 머릿속을 가득 채워 편도체가 활성화되면 전두엽 활동이 축소되어 논리적인 사고를 요하는 공부를 할 수 없게 되는 것입니다.

이렇듯 뇌과학에 따르면 정서적 안정을 이루고 타인과의 관계맺기도 원활한 상태가 되고 나서야 고차원적인 전두엽을 활성화하는 공부를 할 수 있습니다. 《내면소통》이라는 책을 쓰신 뇌과학자 김주환 교수님에 따르면 공부할 준비상태인 학습동기는 안정된 정서가 형성되고 나서 맨 마지막에 생겨나는 심리적 욕구이라고 합니다. 그런데 우리는 그동안 거꾸로 가르치고 있었습니다. 학습동기가 중요하다는 것은 알고 있지만 아이들의 정서에 대해서는 관심이 없었습니다. '공부는 원래 재미없는 것이고, 다들 그렇게 힘들게 하는 거야. 괴롭지만 그냥 꾸역꾸역 외우면서 하면 되는 거지. 시험만 잘 보면 돼. 그래야 잘 살 수 있어.'라고 말하며 아이들의 학습동기를 일방적으로 끌어올리려고 했습니다. 나 또한 젊은 교사 시절 아이들에게 이런 식의 말로 학습동기를 부여하려 했고 인지교육만을 강요하였습니다. 지금 생각하면 정말 부끄럽습니다.

학습동기는 안에서 생겨나는 것이지 밖에서 주입할 수 있는 것이 아닙니다. 학습동기가 생길 수 있도록 하기 위해서는 정서를 돌보는 것이 우선이었습니다. 특히 신경다양성 아이들의 경우 안정된 정서와 원활한 관계맺기가 더욱 중요합니다. 신경다양성 아이들은 잦은 실패와 관계맺기에서의 좌절로 마음이 위축돼 있는 경우가 많습니다. 그런 마음의 상처를 가진 아이들은 고정 마인드셋(Fixed Mindset)에 갇히게 됩니다. '나는 이것 밖에 안되나 봐'라고 여기고 자신의 한계를 지어버립니다. 그렇게 되면 충분히 할 수 있는 일에도 도전하지 않으려고 합니다. 그런 마음상태에서는 전두엽을 발달시키는 공부를 하기가 힘듭니다.

신경다양성 아이들이 '나도 할 수 있다'는 긍정적 자아개념을 가질 수 있도록 도와주어야 합니다. 자신에 대한 긍정적인 자아개념을 가지고 있는 아이들이 내면이 단단한 아이가 될 수 있습니다. 자신을 남과 비교하는 것이 아니라 있는 그대로 사랑할 수 있는 아이는 자존감이 높아지고 고정 마인드셋에서 벗어나 성장 마인드셋을 갖추게 됩니다. 성장 마인드셋(Growth Mindset)은 심리학자 캐롤 드웩이 제안한 개념으로 유명합니다. 어떤 일을 성취하는 데 있어 중요한 것은 타고난 지능이나 재능보다 자신의 노력이라고 믿는 사고방식입니다. 성장 마인드셋을 가지고 있는 아이들은 실패하더라도 주저앉지 않습니다. 작은 도전에서 얻은 성취감이 강력한 동기로 작용하여 계속 도전하는 힘을 얻게 됩니다. 꾸준한 비인지교육을 통해 신경다양성 아이들이 자신에 대한 긍정적인 믿음을 가질 수 있도록 격려해주어야 인지학습도 잘 해낼 수 있습니다. 그래서 비인지 교육이 먼저인 것입니다.

나는 우리 반을 신경다양성 교실로 운영하고 있기도 하지만 많은 교사들의 신경다양성 교실 컨설팅도 하고 있습니다. 그러다 보니 직간접적으로 수많은 신경다양성 아이들을 알게 되었습니다. 컨설팅에서 만나게 되는 아이들의 부모님과 그 아이들을 가르치는 교사들은 모두 인지교육에만 너무 많은 에너지를 쏟고 있었습니다. 어떻게든 학교 수업에 따라가야 한다는 강박관념에 사로잡혀 있었습니다. 결국 신경다양성 아이들이 감당할 수 없는 지경에 이르러 마음의 병을 갖게 되는 안타까운 모습들도 많이 보았습니다. 신경다양성 아이들의 목표가 열심히 공부하여 평균치 아이들의 모습을 보이도록 하는 것이 되어서는 안 됩니다. 이 아이들에게 중요한 건 구구단을 유창하게 외우고 영어단어를 정확하게 외울 수 있는 것이 아닙니다. 나는 가치 있고 소중한 사람이라고 여기는 단단한 마음을 갖는 것이 더욱 중요합니다. 그 마음에서부터 신경다양성 아이들이 무언가를 배우고자 하는 동기가 생겨날 것입니다.

김주환 교수님의 《회복탄력성》이라는 책에는 하와이 카우아이섬 종단연구라는 흥미로운 이야기가 나옵니다. 카우아이섬은 하와이에서 네 번째로 큰 섬으로 자연환경이 잘 보존되어 있어서 〈쥐라기 공원〉과 같은 영화를 촬영하는 장소로도 유명합니다. 그러나 1950년대의 하와이 카우아이섬은 미국에서 가장 열악한 곳으로, 주민의 대다수가 범죄자나 알코올 중독자였다고 합니다. 이곳에서 1955년에 대규모의 종단연구가 착수됩니다. 그해에 태어난 신생아 833명을 대상으로 30년 동안 성장과정을 추적하기로 한 것입니다. 연구결과는 예상과 다르지 않았습니다. 대부분의 아이들이 사회 부적응자로 성장하였습니다.

그런데 에미 워너라는 심리학자는 여기에서 의미있는 연구결과를 도출해냅니다. 에미 워너 교수는 신생아 833명 중 가장 고위험군에 속했던 201명의 아이들을 다시 추려서 성장과정을 분석하였습니다. 고위험군에 속한 아이들은 부모에게조차 버려진 아이들이었습니다. 그런데 놀랍게도 이 아이들 모두가 사회 부적응자가 된 것은 아니었습니다. 이 아이들 중 72명은 정규학교를 모두 나왔고 직업도 있는 건강한 사회구성원으로 살아가고 있었습니다. 워너 교수는 왜 이 아이들은 다른 성장을 하였는지 그들의 히스토리를 분석했습니다.

이들에게는 공통점이 있었습니다. 이 아이들에겐 자신을 무조건적으로 긍정해주고 지지해주고 공감해주는 어른이 적어도 한 명은 있었다는 사실이었습니다. 부모가 아니어도 그런 사람이 인생에 딱 한 명만 있으면 인간은 잘 살아갈 수 있다는 것입니다. 이들은 회복탄력성이 높은 것으로 나타났습니다. 회복탄력성은 역경이나 어려움으로 무너지는 것이 아니라 오히려 그것을 발판으로 삼아 더 높은 도약을 하는 힘입니다.

나는 이 글을 읽고 내가 신경다양성 아이들의 그 한 사람이 되어주면 좋겠다고 생각하였습니다. 신경다양성 아이들의 회복탄력성을 높여주면 이 아이들도 잘 살아갈 수 있겠구나 싶었습니다. 그렇다면 회복탄력성을 어떻게 키워야 할까요? 뇌과학자인 김주환 교수님은 강한 회복탄력성을 지니기 위해서는 두 가지가 필요하다고 말합니다. 하나는 자기조절능력이고 다른 하나는 대인관계능력입니다. 이 두 가지 능력을 향상시켜야 회복탄력성을 높일 수 있다고 합니다. 나는 이 대목을 읽고 좌절했습니다. 신경다양성 아이들에게 제일 부족한 것이 자기조절능력과 대인관계능력이기 때문입니다. 신경다양성 아이들 대부분은 전두엽 발달의 지연을 보입니다. 전두엽의 가장 중요한 기능은 실행기능으로 자기통제력과 관계능력인데 신경다양성 아이들은 이 부분이 약합니다. 그러면 신경다양성 아이들의 회복탄력성을 높일 방법은 없는 걸까? 나는 한숨이 나왔습니다.

김주환 교수님은 자기조절능력과 대인관계능력을 길러주기 위해서는 긍정적인 정서를 발달시키는 것이 먼저라고 말합니다. 긍정적인 정서를 발달시킨다는 것은 스스로 행복해지는 것으로서 긍정적 정서가 형성되면 자연스럽게 자기통제력과 대인관계 능력이 향상된다고 합니다. 자기통제력을 기르기 위해서 5분 동안 꼼짝하지 말고 수학 문제를 풀라고 강요하는 것이 아니라 긍정의 뇌를 만드는 것이 먼저였던 것입니다. 나는 희망이 보였습니다. 신경다양성 아이들도 얼마든지 긍정적 정서를 발달시킬 수 있으니까요. 긍정적인 정서가 바로 비인지능력입니다. 비인지능력을 발달시켜야 회복탄력성도 높아질 수 있는 것이었습니다.

심리학에서도 정서적 안정이 먼저라는 것을 알 수 있었습니다.《ADHD, 자폐 스펙트럼, 우울증, 느린 학습자도 함께 성장하는 통합교실 이야기》를 쓰신 천경호 선생님은 초등교사이자 심리학 박사입니다. 천경호 선생님은 통합교육을 심리학적으로 접근하였다는 점에서 새로웠습니다. 천경호 선생님은 편도체가 활성화된 상태에 있는 아이들에게 투쟁-도피 반응이 나타난다고 하였습니다. 편도체의 과도한 활성화로 스트레스가 높아진 아이들은 코르티솔 수치도 높아져 교감신경을 통해 우리 몸을 긴장시켜 사고를 멈추게 한다는 것입니다. 결국 부정적 정서는 시야를 좁히고 작업기억의 용량을 줄이며 자기중심적 사고를 강화해 투쟁-도피 반응을 보일 가능성이 높아진다는 것입니다. 이렇게 심리학에서도 정서적 안정이 먼저 이루어져야 적절한 사회적 행동을 할 수 있고 공부 의욕도 생길 수 있다고 말합니다.

그러나 우리 교육은 여전히 아이들을 인지교육의 결과인 시험점수로만 평가합니다. 시험점수가 높은 아이는 훌륭하다고 칭찬받고, 시험점수가 낮은 아이는 늘 부족한 아이가 됩니다. 그래서 모든 아이들은 시험을 잘 봐야 한다는 중압감을 가지고 있습니다. 신경다양성 아이들도 예외가 아닙니다. 이 아이들의 목표도 학교 시험을 잘 보는 것에 초점이 맞추어진 경우가 많습니다. 그러면 이 아이들은 늘 패배자가 되고 맙니다. 자신에 대한 긍정적인 자아개념을 가질 수 없습니다.

시험점수가 아이 삶의 목표가 될 수는 없습니다. 시험점수가 낮은 아이도 행복하게 살 권리가 있습니다. 그렇다면 학교 교육의 목표가 높은 시험점수를 받는 것이 되어서는 안 됩니다. 긍정적인 정서와 사회성을 가질 수 있도록 도와주는 것이 더 중요한 목표가 되어야 한다고 생각합니다. 그래야 신경다양성 아이들뿐만 아니라 모든 아이가 행복한 삶을 살 수 있습니다.

김누리 교수님은 《경쟁교육은 야만이다》라는 책에서 행복한 아이가 유능하다고 말합니다. 1등이 되기를 강요하는 나라에서는 누구도 행복하지 못합니다. 경쟁지옥, 비교지옥에 빠지기 때문입니다. 1등인 아이도 언제 자신의 자리를 빼앗길까 두렵습니다. 우리는 아이들이 경쟁을 하지 않으면 공부를 하지 않고 학력이 떨어질 것이라고 생각합니다. 하지만 그것은 착각입니다. 김누리 교수님은 독일교육을 예시로 들며 경쟁교육을 하지 않을 때 아이들이 성숙한 민주시민으로 자라고, 약자의 고통에 공감하며, 자신의 능력도 훨씬 더 잘 펼쳐나간다는 것을 보여주었습니다. 경쟁교육은 존엄한 교육이 아닙니다. 자신만의 성장 속도로 자기만의 색깔로 자랄 수 있도록 이끌어주는 것이 존엄한 교육입니다. 1등을 강요하면 늘 긴장과 초조함을 느끼며 살아야 합니다. 편도체가 과활성화되니 전두엽이 제 기능을 발휘하지 못합니다. 경쟁 속에서 공부를 잘한다는 것은 뇌과학적으로도 심리학적으로도 잘못된 생각입니다. 인지교육만 강요하는 경쟁교육 속에서 신경다양성 아이들은 설 자리가 없습니다. 학령기 내내 들러리만 서게 됩니다. 우리는 아이들의 자존감을 지켜주어야 하고 세상과 부딪혀 살아갈 수 있는 단단한 마음근력을 가질 수 있도록 가르쳐야 합니다. 그것이 바로 비인지교육입니다. 모든 아이들에게 비인지교육은 중요합니다.

나는 신경다양성 교실에서 꾸준히 사회정서교육을 해나가고 있습니다. 미국의 사회정서학습협회 카셀(CASEL)은 사회정서 핵심역량으로 다섯 가지를 제안합니다. 자기인식, 자기관리, 사회적 인식, 관계관리, 책임있는 의사결정입니다. 기존의 인성교육이 도덕적 가치를 이해하는 것에 초점을 맞추었다면 사회정서학습은 좀 더 구체적인 역량을 키우는 데 중점을 둡니다. 사회정서교육으로 학생 개인의 정서적 안정을 찾을 수 있도록 도울 수 있으며, 타인과 소통하고 협력하는 민주적인 공동체도 만들어갈 수 있습니다. 신경다양성 아이들에게는 또래 아이들과 함께하는 교실이 매우 중요한 교육환경입니다. 따뜻하고 포용적인 또래들과 함께하는 민주적인 교실환경 속에서 신경다양성 아이들은 내면적 성장을 이루고 자신의 강점도 더 잘 발휘하며 살아갈 수 있습니다.

우리나라에서도 사회정서학습 프로그램이 연구교사들 중심으로 많이 만들어지고 있습니다. 나는 동학년 선생님들과 학년 특색활동으로 사회정서학습 프로그램을 매해 운영하고 있습니다. 선생님들과 머리를 맞대고 다양한 사회정서학습 수업을 개발하여 각 교실에서 적용하고 있습니다. 그림책이나 동화책, 미덕, 체육활동, 음악활동, 미술활동 등 다양한 활동과 접목하여 사회정서학습 프로그램을 만들어나가고 있습니다. 특히 미덕수업은 긍정적인 자아개념을 형성하는데 큰 도움이 됩니다. 미덕수업에서는 모든 사람에게 이미 미덕이라는 긍정적인 가치가 내면에 존재한다고 여깁니다. 미덕 언어를 활용한 수업을 통해 아이들 마음속에 내재된 미덕을 발견하고 키우도록 도울 수 있습니다. 미덕 언어를 일상에서도 사용하면서 아이들의 반짝이는 미덕이 드러나는 순간을 자주 목격할 수 있었습니다.

이렇게 사회정서교육을 꾸준히 실천하면 아이들이 밝아지는 것을 느낄 수 있습니다. 자신감과 자존감이 높아지는 것을 볼 수 있습니다. 자신과 다른 친구의 차이도 잘 수용하는 넉넉한 마음을 가진 아이들로 성장합니다. 결국 그런 아이들이 공부도 잘할 수 있습니다.

함께 만들어가며
일상의 민주주의를 배운다

교실은 물리적 공간이자 배움이 펼쳐지는 가장 중요한 환경이기도 합니다. 그렇기 때문에 교실을 긍정적 환경으로 구축하는 것은 무엇보다 중요합니다. 앞서 비인지교육의 중요성에서도 언급했듯이 교실에서 느끼는 안정감, 소속감, 자신감 등의 정서가 아이들의 학습과 관계능력을 좌우할 수 있습니다. 교실에서의 수용적, 관용적, 참여적 분위기와 문화는 신경다양성 아이들은 물론이고 학급 구성원 모두의 성장과 배움에 꼭 필요한 환경입니다.

신경다양성 교실은 학급 공동체 구성원이 함께 만들어가는 교실입니다. 담임교사 혼자의 노력만으로 만들 수 있는 교실이 아닙니다. 우리 반에 들어오시는 선생님들은 주로 이런 말씀을 하십니다. "선생님 반 아이들은 참 따뜻한 것 같아요. 어쩜 말을 그렇게 예쁘게 해요? 서로 격려하는 말을 참 자연스럽게 잘하는 것 같아요." 나는 우리 반이 신경다양성 교실이어서 그렇다고 생각합니다. 특히 우리 반에는 장애가 있는 학생이 있기에 그런 모습을 더 잘 보여주는 것이라고 생각합니다. 이 아이들과 함께 일상을 사는 일은 솔직히 불편함이 많습니다. 귀찮기도 합니다. 하지만 그 불편함 또한 아이들이 배워야 하는 것이라고 생각합니다. 신경다양성 교실에서 1년을 지내면서 우리 반 아이들은 느리고 더디게 배우는 친구를 기다리고 격려할 줄 아는 아이들로 훌쩍 성장합니다. 그 불편함이 아이들을 성장시킬 수 있었다고 생각합니다.

신경다양성 교실은 이렇게 모든 아이들과 함께 만들어가는 교실입니다. 아이들은 이러한 과정을 통해 삶의 태도로서의 민주주의를 배울 수 있다고 생각합니다. 타인을 배려하고 존중하며, 약자에게 공감하고 함께 협력할 수 있는 일상의 민주주의를 신경다양성 교실을 통해 배울 수 있는 것입니다.

나는 새 학기 첫날 우리 반 아이들에게 우리 교실은 "학교폭력 청정구역"이라고 선포합니다. 제안을 하는 것이 아니라 선포를 하는 것입니다. 그리고 선생님은 여러분의 다양성을 누구보다 존중할 준비가 되어 있다고 말합니다. 서로의 다양성을 잘 존중하기 위해서는 우리 교실이 각자의 경계를 지켜줄 수 있는 안전한 공간이어야 한다고 말합니다. 경계를 지킨다는 것은 타인의 감정적 신호에 귀를 기울이고 사적인 영역이나 감정을 침범하지 않도록 노력한다는 것입니다. 우리 교실이 학교폭력 청정구역이 되어야 서로의 경계를 지킬 수 있는 안전한 공간이 될 수 있다고 강조합니다. 나의 선포는 이것으로 끝납니다. 이 선포는 놀랍게도 1년 동안 아이들의 머릿속에 각인이 되어 잘 유지됩니다.

그 다음은 모두 아이들이 주도합니다. 우리 반은 아주 작은 문제부터 중요한 문제까지 전부 다 학급회의로 결정합니다. 나는 학급회의가 민주적으로 잘 진행될 수 있도록 가이드 역할만 합니다. 함께 해결하고 싶은 문제가 있으면 누구든 학급회의를 열자고 제안할 수 있습니다.

먼저, 급식 받는 줄을 서는 것과 같이 우리 반에서 지켜야 할 사소한 규칙들을 학급회의를 통해 함께 정합니다. 우리 반 학급회의는 모두가 발언하는 것을 원칙으로 합니다. 그래야 평상시 말이 별로 없는 아이들도 자신의 의견과 속내를 이야기할 수 있습니다. 처음엔 아이들이 서툴지만 시간이 지나면서 모두가 만족할 만한 지혜로운 해결책도 잘 내놓는 것을 볼 수 있었습니다. 아이들은 자신이 참여해서 정한 규칙을 누구보다 잘 지킵니다. 그런데 때론 규칙을 다시 수정해야 할 때도 있습니다. 그러면 언제든 학급회의를 열어서 모든 아이들의 의견을 듣고 다시 수정하기도 합니다.

도움이 필요한 친구를 어떻게 도울 수 있는지에 대해서도 학급회의를 합니다. 학급회의를 통해 멘토-멘티 제도를 도입할 수 있었습니다. 멘토-멘티제는 권영애 선생님이 쓰신 《그 아이만의 단 한 사람》이라는 책에 나옵니다. 학습과 생활에 어려움이 있는 친구를 위해 자발적으로 멘토가 되어 정해진 기간 동안 또래 선생님의 역할을 하는 것입니다. 여러 아이들이 나누어서 역할을 맡기 때문에 그다지 부담스럽지도 않습니다. 우리 반 아이들은 매달 열리는 멘토 역할 정하기 시간을 손꼽아 기다립니다. 너도나도 하고 싶어 해서 바로 전 달에 멘토를 했던 친구는 다음 달은 쉬어 가는 것으로 정했습니다.

또한 도전행동을 하는 친구에 대한 대응방법도 학급회의를 통해 의견을 나눕니다. 도전행동에 대한 대응방법을 알아내기 위해서는 왜 그런 행동을 하는지에 대한 관찰이 선행되어야 합니다. 아이들은 학급회의에서 그 친구가 언제 도전행동을 하는지에 대해 자기 나름대로 관찰한 바를 말합니다. 여러 아이들의 이야기를 들으면 그 아이의 패턴을 알 수 있습니다. 그렇게 알아낸 결과를 바탕으로 우리 반 아이들은 도전행동을 하는 친구에게 적절한 대체행동을 가르쳐주기로 약속합니다. 학급회의를 통해 우리 반 아이들이 긍정행동지원단의 역할을 하는 것입니다. 아이들의 집단지성이 어른들의 개입보다 더 빛날 때가 많습니다.

학급회의에 가장 빈번하게 제안되는 안건은 갈등해결에 관한 것입니다. 서로 다른 아이들이 한 공간에 모여서 생활하다 보면 크고 작은 갈등과 다툼은 끊임없이 일어납니다. 자연스러운 현상이라고 생각합니다. 갈등을 잘 해결해 나가는 것 또한 민주주의를 배우는 일일 것입니다. 우리 반 아이들은 몇몇 친구들이 다투거나 서로에게 마음이 상해 있을 때 학급회의를 하자고 합니다. 우리 반 아이들이 또래 조정자 역할을 하는 것입니다. 당사자들의 이야기를 다 들어주고 서로의 마음이 풀릴 수 있도록 해결방법도 함께 찾아 줍니다.

이렇게 규칙을 정하거나 학급의 갈등이나 문제를 해결하는 일 외에도 서로를 칭찬하는 시간도 매주 가집니다. 일주일 동안 자신이 보았던 친구의 훌륭한 점을 찾아 칭찬하는 말을 주고받습니다. 아이들은 이 시간을 제일 좋아합니다. 매주 칭찬하는 시간을 가지기 때문에 아이들은 눈을 크게 뜨고 친구의 행동을 관찰합니다. 그리고 서로의 좋은 면을 보려고 노력합니다. 아이들은 안 보는 것 같지만 다 보고 느끼고 있었습니다. 어려움이 있는 친구를 말없이 도와주었던 아이들이 이 시간에 생각지도 못한 칭찬을 받게 되는 경우가 많았습니다. 칭찬받은 아이도, 칭찬한 아이도, 나머지 아이들도 모두 다 행복해지는 순간입니다. 이런 시간을 거듭하니 우리 반의 학급 분위기는 좋아질 수밖에 없습니다.

우리 반 학급회의는 단순히 문제해결의 기능만 갖는 것이 아니었습니다. 심리치유의 기능도 하고 있었습니다. 장애가 있는 친구를 나서서 도우며 또래들에게 칭찬샤워를 받은 아이는 자신감을 찾을 수 있었습니다. 자신이 얼마나 훌륭한 사람인지 깨닫게 된 것입니다. 관계에 어려움이 있어 친구들과 잦은 갈등을 일으켰던 아이는 학급회의를 통해 자신의 감정을 쏟아내고 친구들의 이해와 공감을 받으며 마음의 상처가 아물 수 있었습니다. 수업방해 행동과 도전행동을 하던 아이도 함께 만든 공동체의 규칙을 지킬 수 있도록 친구들의 도움을 받으며 스스로 자신의 행동을 조절할 수 있었습니다. 이러한 포용적인 분위기와 민주적인 공동체는 교사의 일방적인 훈계보다 훨씬 더 큰 힘을 발휘합니다.

부산교대 김진구 교수님은 또래관계를 연구하시는 분으로 유명합니다. 한국통합교육학회 학술대회에서 김진구 교수님의 연구 발표를 듣고 놀랐습니다. 신경다양성 교실에서 내가 경험하고 느꼈던 또래관계의 모습이 연구결과로 나와 있었던 것입니다. 〈일반학급과 통합학급 간 초등학생의 공격성과 지각된 인기 관계의 차이〉(김진구, 강은영, 2017)라는 논문을 소개해 주셨는데 일반학급과 통합학급의 또래관계를 분석한 연구였습니다.

이 논문의 연구대상은 무려 3000명이 넘는 학생들이었습니다. 서울, 경기, 세종 지역의 초등학교 114학급이 대상이었습니다. 이 논문의 연구결과는 학급에서의 관계적 공격성과 지각된 인기가 (통합학급이 아닌) 일반학급에서는 정비례로 나타나고, 통합학급에서는 반비례로 나타난다는 것이었습니다. 좀 복잡하지요? 관계적 공격성과 지각된 인기가 무엇인지 차근차근 알아보겠습니다.

논문에 따르면 공격성은 크게 외현적 공격성과 관계적 공격성으로 구분할 수 있다고 합니다. 외현적 공격성은 관찰 가능한 형태로 직접적으로 타인에게 신체적 언어적 해를 가하는 것을 말합니다. 반면 관계적 공격성은 보이지 않는 공격성으로 소문을 퍼뜨리거나 관계에 대한 위협 등으로 해를 가하는 것을 의미합니다. 관계적 공격성은 사회적 지위와 기술이 좋은 아이들이 하는 아주 교묘한 행동입니다. 예를 들어 "너 재랑 놀지마."와 같은 것들입니다. 학년이 높아질수록 외현적 공격성은 줄어든다고 합니다. 아이들도 성장하면서 그러면 안 된다는 것을 자각하게 된 것입니다. 그런데 어른 몰래 친구를 따돌리고 고립되게 만드는 관계적 공격성을 가진 아이들이 고학년으로 갈수록 더욱 많아진다고 합니다.

관계적 공격성이 있는 아이들은 사회적 지위와 유능감을 이용해 학급에서 인기 있는 자리를 차지하려고 합니다. 여기서의 인기는 스스로가 인기 있다고 여기는 것이 아니라 또래들이 저 친구는 인기가 있다고 지명한 지각된 인기입니다. 그래서 좀 더 객관적이라고 할 수 있습니다. 관계적 공격성과 지각된 인기 사이의 관계가 정비례를 나타낼 경우 관계적 공격성이 높은 아이들이 학급의 주도권을 가지게 됩니다. 그렇게 되면 선하고 약한 아이들은 이 아이들의 눈치를 보면서 지내야 합니다. 그래프를

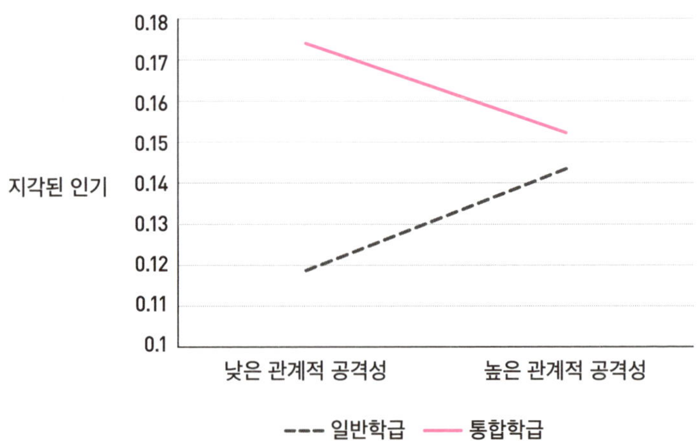

• 출처: 김진구, 강은영, 〈일반학급과 통합학급 간 초등학생의 공격성과 지각된 인기 관계의 차이〉(2017).

보면 일반학급에서는 관계적 공격성이 높은 아이들이 지각된 인기가 높다는 정비례의 결과가 나왔습니다. 반면 통합학급에서는 반대의 결과가 나타났습니다. 통합학급은 관계적 공격성이 높을수록 지각된 인기가 낮게 나타난 것입니다.

어떻게 해서 이런 결과가 나타났을까요? 통합학급에서는 공동체성과 배려가 강하게 나타나기 때문에 비장애 학생들 사이에서도 관계적 공격성이 힘을 발휘하지 못한다는 것이었습니다. 통합학급에는 보호해주고 보듬어줘야 하는 장애 학생이 있습니다. 그 학생을 다 함께 돌봐야 하는 상황에서는 살벌한 분위기를 조성하는 관계적 공격성이 높은 아이가 주도권을 잡을 수 없는 환경이 되어버린다는 것입니다. 통합학급에서는 아이들이 관계적 공격성이 높은 아이에게 "너 그러지 마!"라고 용기 내어 말할 수 있는 분위기가 형성된다는 것입니다.

참으로 놀라웠습니다. 아마도 장애 학생이 없는 학급에서 관계적 공격성이 높은 아이들을 그냥 내버려 두면 이 아이들은 정글에서처럼 힘의 우위를 차지하면서 다른 아이들을 지배하려 들 것입니다. 하지만 통합학급에서는 보호받아야 하는 아이가 있다는 사실만으로도 공격성이 높은 아이들이 활개를 칠 수 없는 분위기가 더욱 자연스럽게 형성될 가능성이 큰 것입니다. 그런 점에서 일반학급과 통합학급의 차이가 나타난 것이라는 생각이 듭니다. 신경다양성 교실이 일상의 민주주의를 실천할 수 있는 교육 장소라는 것이 이 연구를 통해 증명될 수 있었습니다. 선한 아이들이 주도하는 신경다양성 교실은 결국 모든 아이들에게 안전한 공간이 될 수 있습니다.

민주적인 신경다양성 교실에서 아이들은 타인을 존중하는 방법을 배우고 약자를 돌보며 함께 가는 방법을 배웁니다. 그러면서 존엄 감수성*이 생기는 것입니다. 존엄 감수성은 김누리 교수님의《경쟁교육은 야만이다》에서 나오는 단어입니다. 교육을 통해 모든 아이들이 자신의 존엄성을 자각하고 타인의 존엄성을 존중하는 아이로 성장하도록 하기 위해서는 존엄 감수성을 길러야 한다고 저자는 말합니다. 미래교육은 존엄 감수성을 길러 모든 사회 구성원이 서로 돕고 소통하고 연대하는 능력을 길러주는 연대 교육이 되어야 한다고 강조합니다. 일상의 민주주의를 실천하는 신경다양성 교실이 존엄주의 교육으로의 전환을 앞당길 수 있지 않을까 싶습니다.

---

* 존엄 감수성: 모든 인간이 가진 고유한 가치와 존엄성을 인식하고, 이를 침해하는 상황을 민감하게 느끼고, 공감하고, 존중하는 마음과 태도를 말한다.

자율성과 공동체성이
함께하는 학교

앞 장에서 신경다양성 교실을 만들어가기 위해서 학급 차원의 민주적인 공동체 문화의 중요성에 대한 이야기를 했다면, 이번에는 학급을 넘어 학교 차원에서의 협력적 문화에 대해 이야기하려고 합니다.

신경다양성 교실을 성공적으로 운영하기 위해서는 학교 차원에서 신경다양성 아이들을 위해 함께 협력하는 문화가 필요합니다. 신경다양성 교실은 결코 담임교사 혼자서 운영할 수 없습니다. 한 아이를 키우는 데도 가정을 넘어 마을이 필요하듯, 신경다양성 교실도 교실을 둘러싼 학교 차원에서의 교육철학에 대한 합의와 협력적 문화가 필수적입니다. 하지만 여전히 많은 교사들이 혼자 고군분투하면서 신경다양성 교실을 운영하느라 애를 쓰고 있습니다. 그 분들은 나에게 이렇게 말하기도 합니다.

"제가 잘 못하고 있는 것 같아요. 아이가 착석도 안 되고 친구들과 어울릴 줄도 몰라요. 제가 신경다양성 아이들에 대한 전문성이 없어서 신경다양성 교실 운영에 어려움이 많은 것 같아요." 나는 선생님들께 이런 말을 들으면 마음이 아픕니다. 나는 이렇게 대답합니다. "선생님이 어려움을 겪는 건 전문성이 없어서가 아니라 혼자이기 때문입니다."라고 말입니다. 나의 말에 선생님들은 참았던 눈물을 터뜨리기도 합니다. 나도 혼자서 신경다양성 교실을 운영한다면 이 선생님의 교실과 크게 다를 바 없을 것입니다. 내 몸은 하나인데 동시에 여러 명의 역할을 하는 것은 불가능하기 때문입니다. 신경다양성 교실은 담임교사 혼자가 아니라 학교 구성원 전체와 함께 운영해나가야 합니다. 교장·교감 선생님, 특수교사, 보조교사, 학부모, 그리고 그 외 모든 구성원과의 합의와 협력이 중요합니다. 특히 특수교사, 보조교사, 학부모의 협력은 필수적입니다.

신경다양성 아이들을 위해 학교 구성원은 자율성과 공동체성에 대한 교육철학을 공유해야 한다고 생각합니다. 자율성은 자신의 행동과 삶을 스스로 주도하고 선택할 수 있다는 심리적 자원입니다. 다른 사람의 통제에서 벗어나 자신의 의지와 가

치관에 따라 행동하고자 하는 자율성은 인간의 기본적인 심리적 욕구라고 할 수 있습니다. 나는 신경다양성 아이들의 자율성을 존중해주어야 한다고 생각합니다. 신경다양성 아이들은 대부분 타인으로부터 통제와 강요를 많이 받습니다. 이 아이들의 사회적 행동이 일반적이지 않아 보이기 때문입니다. 하지만 통제와 강요는 그 어떤 아이들의 행동도 변화시키지 못합니다. 반발심과 저항감만 생기게 합니다. 오히려 이 아이들의 자율성을 존중해주고 아이들을 믿고 기다려줄 때 스스로 자신의 행동을 조절할 수 있는 능력도 생겨날 수 있습니다.

공동체성은 공동체 구성원들 사이의 소속감, 유대감, 상호연결성을 의미합니다. 공동체 구성원들이 의미 있는 관계를 맺고 서로에게 좋은 영향을 주고받을 때 공동체성이 형성됩니다. 신경다양성 아이들은 건강한 공동체 속에서 따뜻한 환대를 받을 때 소속감을 느끼게 되고 책임 있는 행동도 배울 수 있습니다. 학교 구성원들이 신경다양성 아이들도 책임 있는 행동을 할 수 있다고 믿고 바라봐준다면 그렇게 성장할 수 있습니다. 그러기 위해서는 학교 구성원들이 신경다양성 아이들에 대한 관심과 믿음이 있어야 합니다. 이러한 공동체성은 신경다양성 아이들을 둘러싼 학교 구성원들이 함께 공유해야 하는 교육철학이라고 할 수 있습니다.

특수교육대상자 재배치로 인해 행복이가 학기 중에 우리 학교로 전학을 오게 되었습니다. 주거지를 옮기지 않는 이상 특수교육대상 학생이 학기 중에 재배치되는 경우는 별로 없습니다. 아마도 절박한 이유가 있어 전학을 오게 된 것 같았습니다. 나는 행복이를 맡겠다고 자원하였습니다. 행복이가 새로운 학교에 잘 적응할 수 있도록 도와주고 싶었습니다. 우리 반에는 이미 특수교육대상인 기쁨이가 있었습니다. 행복이까지 맡으면 두 명의 자폐스펙트럼장애 학생이 있게 됩니다. 쉽지 않은 일이었지만 우리 학교에서라면 해낼 수 있을 것이라 생각했습니다.

행복이는 밝고 순수한 3학년 남자아이였습니다. 기능이 높은 아이라 의사소통도 잘 되었고 아는 것도 많았습니다. 노래를 좋아하고 흥도 많은 귀여운 아이였습니다. 그러나 자폐의 특성상 한 가지 활동을 지속하려는 경향이 강해 활동 전환에 어려움이 있었습니다. 활동 전환시간에 아이는 소리를 지르거나 공격적인 행동을 하는 등 탠트럼(Tantrum)을 일으켰습니다. 하지만 그 시간을 옆에서 차분히 기다려주면 아이는 언제 그랬냐는 듯 다음 활동을 할 준비가 되었습니다. 나는 행복이에게 시간이 필요하다는 것을 알게 되었습니다.

우리 학교는 지체없이 행복이를 위해 회의를 열었습니다. 나와 특수교사, 교장 선생님, 그리고 행복이 엄마가 함께 행복이의 지원에 대한 이야기를 나누었습니다. 일단은 행복이가 우리 교실에서 수업을 받는 동안 행복이 옆을 지켜줄 보조 선생님이 필요했습니다. 교장 선생님은 바로 우리 반에 보조교사를 배치해 주셨습니다.

행복이는 보조 선생님이 자기 옆에 밀착해서 도와주는 것을 싫어했기 때문에 행복이와 좀 떨어진 자리에 앉아 있기로 했습니다. 행복이가 탠트럼을 일으키거나 수업에 집중하지 못할 때만 도와주는 것으로 하였습니다. 나는 전체 수업을 이끌었고 행복이가 힘들어할 때면 보조 선생님이 교실 밖에 데리고 나갔다가 들어오기도 하면서 행복이가 준비될 때까지 기다려주었습니다.

또한 특수 선생님과도 매일 있었던 일에 대해 이야기 나누고 행복이를 일관되게 지원할 수 있도록 여러 가지 약속을 함께 정하기도 했습니다. 행복이 엄마는 직장을 휴직하고 행복이의 학교 적응을 돕기로 했습니다. 하교시간에 행복이를 데리러 오면 하루 동안 있었던 일들에 관하여 이야기를 나누고 가정에서 학교 규칙에 대해 꾸준히 상기시키는 일을 하기로 했습니다. 가정에서는 행복이가 한 주 동안 약속을 잘 지켰을 때 주말에 가족 파티를 하기로 했다고 합니다. 그리고 학교에서 추천하는 병원에 상담과 치료도 받으러 가기로 했습니다.

행복이는 우리 교실에 오는 것을 아주 좋아했습니다. 매일 아침 큰 소리로 인사하면서 등교합니다. 친구들에게 먼저 인사도 잘 나눕니다. 우리 반 아이들은 행복이를 반갑게 맞아주었습니다. 행복이는 특히 기쁨이를 좋아했습니다. 늘 기쁨이와 함께하고 싶어 했습니다. 우리 반 아이들은 행복이가 기쁨이와 함께할 수 있도록 양보해주고 도와주었습니다. 새침데기 여학생 기쁨이가 행복이의 마음을 받아주기까지 시간이 걸렸지만 한결같이 자기를 좋아해 주는 행복이가 싫지는 않아 보였습니다. 행복이와 기쁨이로 인해 우리 반에 핑크빛 사랑의 훈풍이 불어오기 시작했습니다.

나는 우리 반 학부모님들이 행복이의 전학에 대해 어떻게 생각하실지 걱정되었습니다. 2학기 학부모 상담 때 한 학생의 아버지가 이런 말씀을 하셨습니다. 행복이의 전학 소식을 들었다고 하면서 자녀에게 이렇게 말해주었다고 합니다. "행복이가 우리 학교에 잘 적응할 수 있도록 도와주어야 해. 네가 그런 일을 할 수 있어야 나중에 커서 무슨 일을 해도 다른 사람들에게 인정받는 훌륭한 사람이 될 수 있을 거야."라고 말입니다. 이 아이는 배우를 꿈꾸는 재능이 많은 아이였습니다. 행복이와 기쁨이를 누구보다도 먼저 나서서 도와주는 착한 아이였습니다. 나는 눈물이 났습니다. 너무 고마웠습니다. 우리 반 학부모님들은 행복이가 잘 적응할 수 있도록 모두 기꺼이 기다려주었고 응원

     모든 교실은 신경다양성 교실이다

해주었습니다.

　행복이는 이전 학교에서는 가지 못했던 현장체험학습을 특수 선생님과 보조 선생님의 도움을 받으며 우리 반 아이들과 함께 잘 다녀왔습니다. 운동회도 온전히 참여하면서 학교생활에 잘 적응해나갔습니다. 행복이는 강요받는 것을 싫어하던 아이였습니다. 그래서 우리는 행복이가 자발적으로 할 때까지 기다려 주었습니다. 그리고 행복이가 준비되면 언제든 기쁘게 맞이해주었고 함께 할 수 있도록 격려해 주었습니다. 학교 구성원 모두의 기다림과 환영이 행복이의 적응을 도울 수 있었습니다.

　행복이 엄마는 매일 우셨습니다. 슬퍼서가 아닙니다. 행복이는 아침마다 가족 중 먼저 일어나 학교에 가겠다며 가방을 메고 현관 앞에서 엄마를 기다린다고 하였습니다. 이렇게 학교를 좋아하게 된 것은 처음이라고 합니다. 우리 학교에서 행복이가 안정을 되찾자 행복이네 가족 모두가 편안해졌습니다. 한 가정이 살아날 수 있었습니다.

　신경다양성 교실을 운영하기 위해서는 단 한 명도 놓치지 않으려는 의지가 학교 구성원 모두에게 있어야 한다고 생각합니다. 학교 구성원들이 신경다양성 아이들에게 따뜻한 시선을 보내고, 기다리고 있다는 신뢰를 보여주어야 합니다. 그런 면에서 우리 학교는 당연하면서도 특별한 학교입니다. 특수교사와 보조

교사, 동학년 선생님들과 교감, 교장 선생님 모두가 행복이의 학교 적응을 위해 함께 노력해주었습니다. 우리 학교 구성원들은 신경다양성 아이들이 평균적인 아이들과 비슷해지도록 강요하지 않았습니다. 시간이 걸리더라도 이 아이들이 준비될 때까지 얼마든지 기다려주었습니다. 나는 이것을 **자율성**이라고 말하고 싶습니다. 이 아이들의 다름을 존중해주고 기다려줄 때 아이들은 통제와 강요에서 벗어나 자율성이 생기게 됩니다. 자율성 속에서 아이들은 편안해지고 자신의 행동에 책임을 질 수 있는 능력도 발달하며 비로소 학습동기도 생겨나게 됩니다.

또한 우리 학교는 따뜻한 공동체로 신경다양성 아이들을 환영해 주었습니다. 나는 그것을 **공동체성**이라고 말하고 싶습니다. 포용적인 공동체에서 환대받은 아이들은 소속감을 느낄 수 있으며, 공동체 구성원으로서의 효능감도 생기게 됩니다. 학교 차원에서의 자율성과 공동체성이 신경다양성 아이들의 사회화와 성장을 도울 수 있는 것입니다.

미국 뉴욕 주에 있는 알바니 프리스쿨(Free School)이라는 대안학교는 신경다양성 아이들이 행복하게 다니는 학교로 유명합니다. 프리스쿨의 교장 선생님인 크리스 메르코글리아노는 프리스쿨을 30년간 운영한 베테랑 교사로 그 학교 아이들의 이야기인 《가만히 있지 못하는 아이들》과 《두려움과 배움은 함께 춤출 수 없다》라는 책을 썼습니다. 크리스의 책을 통해 알게 된 프리스쿨 운영의 특별한 철학 두 가지도 바로 자율성과 공동체성이었습니다.

프리스쿨은 신경다양성 아이들의 비율이 압도적으로 높습니다. 특히 공립학교에서 쫓겨난 아이들이 마지막으로 이 학교로 찾아온다고 합니다. 이 아이들은 공립학교의 정규교육과정에 적응하지 못하는 아이들이었습니다. 공립학교에서 문제아라고 낙인찍힌 아이들을 프리스쿨의 교사들은 천재성을 품고 있는 아이들이라고 말합니다. 세상에 대한 호기심이 넘쳐나는 재능 있는 아이들이라고 여기는 것입니다. 그런 시선 속에서 아이들은 잠재능력을 펼칠 수 있게 되고 자기만의 속도로 발달을 시작하며 사회화가 되어 갑니다. 정말 놀라웠습니다. 프리스쿨의 자율성과 공동체성은 교육과 학교, 교사의 역할에 깊은 영감과 통찰을 줍니다.

프리스쿨의 자율성은 이렇습니다. 에너지가 넘치는 아이들이 학교 곳곳을 마음대로 돌아다니며 탐색할 수 있도록 충분한 시간을 허락합니다. 짜여진 시간표대로 공부를 하는 것이 아니라 자기 마음대로 학교생활을 하도록 내버려 둡니다. 놀이터도 가고 목공실도 가고 운동장도 가고 어디든 마음 내키는 대로 가고 자유롭게 시간을 보냅니다. 그런 자유가 주어진 것만으로 아이들의 문제는 대부분 해결되는 것 같았습니다. 이런 자유를 마음껏 누린 후 아이들은 스스로 공부를 하겠다고 교사를 찾아옵니다. 그렇게 준비가 된 아이들은 엄청난 속도로 학습에 몰두하여 또래 수준을 금방 따라잡습니다. 신기했습니다. 신경다양성 아이들에게는 자기만의 속도와 시기가 있다는 것을 보여주었습니다.

다음은 공동체성입니다. 프리스쿨 학생들은 어떤 문제가 일어나면 다 함께 해결하는 전체회의를 수시로 합니다. 전체회의는 교사가 주도하는 것이 아니라 학생들이 주도하는 것입니다. 그리고 교사를 포함한 학교의 모든 구성원이 참여합니다. 한 아이가 다른 친구를 다치게 하는 등 학교의 규율을 깨는 일이 있으면 그런 행동에 대해 스스로 책임질 수 있도록 전체회의를 통해 가해학생에게 적절한 과제를 부여합니다. 대부분의 말썽꾸러기들은 그런 과정을 통해 자신의 행동을 조절할 수 있게 됩니다. 학교의 규율을 어기게 되면 공동체에 속하지 못하는 대가를 받게 되는 것이 싫었기 때문입니다. 이 아이들에게 교사가 일방적으로 벌을 주었다면 행동의 변화를 이끌지 못했을 것입니다. 반항심만 생겼을 것입니다. 하지만 학교 구성원과의 합의를 통해 주어진 해법은 아이의 행동을 변화시킬 수 있었습니다. 공동체성이 아이들의 사회화를 이끌 수 있었습니다.

     모든 교실은 신경다양성 교실이다

프리스쿨의 아이들 중 깊은 마음의 상처를 갖고 있는 아이들이 학교생활을 통해 마음의 치유가 일어나고 때로는 몸의 치유도 일어나는 모습을 볼 수 있었습니다. 따뜻한 공동체 안에서 함께하는 것만으로 정서의 문제, 관계의 문제가 해결되었습니다. 그리고 그것은 물 흐르듯 학업성취로 이어졌습니다. 앞에서도 강조했듯이 정서와 관계문제가 해결되고 비인지능력이 향상되자 학습동기가 비로소 생겨난 것입니다. 두려움과 배움은 함께 춤출 수 없다는 것을 보여준 것입니다. 두려움을 다스리는 해독제는 신뢰라고 합니다. 공동체 구성원들이 아이가 스스로 책임질 수 있는 아이라는 전폭적인 믿음을 보여줄 때 두려움이 사라진다고 합니다. 두려움이 사라질 때 배울 수 있는 준비가 되는 것입니다. 학교가 안전한 공동체가 되었을 때 이러한 치유는 자연스럽게 생겨날 것이라 생각합니다.

프리스쿨의 사례를 우리의 일반 공교육에 똑같이 적용하기는 어려울 것입니다. 그래도 프리스쿨의 두 가지 철학은 충분히 받아들일 수 있을 것입니다. 우리 학교처럼 말입니다. 신경다양성 아이들을 넉넉한 마음으로 기다려주고, 따뜻하게 품어주는 자율성과 공동체성이 있는 학교 말입니다. 학교 차원의 협력적 문화의 핵심은 자율성과 공동체성이고, 그 조화일 것입니다.

　이상으로 신경다양성 교실에서 강조하는 여섯 가지를 알아보았습니다. 다음 장부터는 우리 반에서 만난 다섯 명의 신경다양성 아이들에 대한 생동감 넘치는 이야기를 통해 앞에서 알아본 신경다양성 교실에서 강조하는 여섯 가지가 실제 사례에서 어떻게 적용되었는지 생생하게 느껴보실 수 있을 것입니다. 다섯 아이 이야기에는 자폐스펙트럼, ADHD, 경계선 지능이 있는 아이들이 주인공으로 등장합니다. 자 그럼, 나의 사랑스러운 제자 희망이, 샛별이, 기쁨이, 하늘이, 바다를 만나러 신경다양성 교실로의 여행을 함께 떠나보실까요?

희망이, 샛별이, 기쁨이 이야기

희망이 이야기

개학 전 만남

희망이는 내가 2학년 담임이었을 때 만났던 남자아이입니다. 나는 희망이와 함께하기 위해 20년 만에 2학년을 맡게 되었습니다. 희망이가 우리 학교에서 제일 어려운 자폐스펙트럼장애 학생이라는 이야기를 들어서입니다. 그동안 고학년만 계속 맡아오던 내가 2학년을 맡는다고 하니 동료 선생님들이 다들 덕담 한마디씩 해주십니다. "선생님, 올해는 귀여운 아이들과 힐링하는 한 해가 되겠어요."라고 말입니다. 오랜만에 저학년을 맡게 되어 나는 무척 설레고 기대되었습니다.

2월 말은 새 학년 준비에 집중하는 기간입니다. 학급담임으로 새로운 반을 배정받고 동학년 선생님들과 새 학년을 준비합니다. 학년 교육과정도 함께 짜고 새 교과서로 수업 연구도 하면서 새 학기를 계획합니다. 나는 개학하기 전인 2월 말에 우리 반 신경다양성 학생과 그 부모님을 미리 만나는 시간을 가집니다. 이렇게 미리 만나는 이유는 신경다양성 아이들이 새로운 상황에 적응하는 데 어려움이 있는 경우가 많기 때문입니다. 이 시간이 아이들에게는 꽤 훌륭한 완충장치가 됩니다. 이 시간에는 새로운 선생님을 미리 만나보고 새로운 교실도 함께 둘러보면서 자기 자리도 찾아서 앉아봅니다. 3월 첫날 하는 수업도 나와 단둘이 미리 해 봅니다. 그리고 부모님과 아이에 대해 이야기도 나눕니다. 신경다양성 아이들은 이 시간을 통해 새로운 교실과 선생님을 먼저 경험해보면서 불안과 긴장을 덜 수 있습니다. 부모님은 아이에 대해 충분히 이야기를 나누면서 안심하십니다.

3월 첫째 주 교사들은 정말 정신없이 바쁩니다. 학급에는 신경다양성 아이들 외에도 20명이 넘는 다른 아이들도 함께하기 때문입니다. 그래서 개학을 하고 나면 신경다양성 아이들에 대해 면밀히 관찰하고 파악하기가 쉽지 않습니다. 여유 있는 시간에 신경다양성 아이들과 부모님을 먼저 만나 보고 이 아이들에게 어떤 도움이 필요한지를 알아내어 준비하면 교사인 나도 3월 첫째 주를 무리 없이 보낼 수 있습니다. 겪어보니 신경다양성 아이와 내가 단둘이 오롯이 만날 수 있는 날은 이때가 처음이자 마지막인 경우가 대부분입니다. 그래서 나는 이 시간을 소중히 여깁니다.

한 선생님이 2월 말에 1학년 통합학급을 맡게 되었다며 나에게 어떤 준비를 하면 좋겠냐며 조언을 구하셨습니다. 나는 입학 전 만남을 꼭 해보시라고 했습니다. 아이에게 필요한 지원이 있으면 2월 말에 모두 준비를 해야 한다고, 그래야 3월에 1학년 학급을 잘 운영하실 수 있을 것이라고 했습니다. 1학년은 첫 입학이라 학생에 대한 정보가 별로 없습니다. 아이도 부모도 학교가 처음이라 어떤 지원이 필요한지 모르는 경우가 많습니다. 입학 전 만남 없이 3월에 아이가 처음 학교에 온다면 아이도 교사도 혼란스러운 시간을 보낼 수 있습니다. 만약 아이에게 보조교사 지원이 필요한데 그런 정보 없이 3월에 입학할 경우 보조교사 배치가 바로 되지 못하는 경우가 많습니다. 그래서 나는 신경다양성 교실을 운영하는 선생님들께 입학 전 만남, 개학 전 만남을 꼭 해서 아이에 대한 정보를 먼저 파악하시라고 권해드립니다. 특히 1학년 학급담임을 맡게 되는 선생님은 자신의 학급에 신경다양성 아이가 배정되었다면 2월 말에 꼭 먼저 만나보길 추천합니다.

     모든 교실은 신경다양성 교실이다

나에게 조언을 구했던 선생님은 나의 말대로 신경다양성 아이와 학부모님을 미리 만나셨고 아이가 학교에 적응하는 데 도움을 주실 보조 선생님의 지원이 필요하다는 것을 알게 되었습니다. 그래서 2월 말에 특수교육지원센터에 보조교사 지원을 의뢰하여 3월에 바로 배치되면서 아이의 학교 적응을 잘 도와줄 수 있었습니다. 그리고 선생님은 아이의 특성을 미리 파악할 수 있어서 이 아이도 잘 참여할 수 있는 수업을 준비할 수 있었다고 합니다.

나는 희망이 엄마께 전화해서 희망이와 희망이 엄마를 미리 만나보고 싶다고 말씀드렸습니다. 희망이 엄마는 희망이를 데리고 바로 교실로 왔습니다. 희망이는 큰 눈과 하얀 피부를 가진 잘생긴 남자아이였습니다. 희망이는 나를 보자 엄마 뒤로 숨었습니다. 희망이 엄마가 인사를 하라고 하니 엄마 뒤에 서서 작은 목소리로 인사를 하고는 다시 숨었습니다. 나는 반갑다고 말하며 악수를 청했습니다. 희망이는 한참을 머뭇거리다 하얗고 작은 손을 내밀었습니다. 희망이의 손을 잡아보니 너무 작았습니다. 키는 또래와 비슷했지만 많이 말랐습니다. 그러니 손도 가느다랬습니다.

나는 희망이와 교실을 둘러보았습니다. 희망이의 자리와 사물함, 작품 자리도 함께 찾아보았습니다. 시간표를 보고 칠판에 자석 시간표도 붙여보게 했습니다. 그리고 내 이름도 외우게 하였습니다. 희망이가 어느 정도 학습능력이 있는지 알고 싶어서 3월 2일 첫날에 할 자기소개 활동을 미리 해보았습니다. 희망이는 글을 곧잘 읽었습니다. "내가 좋아하는 것은?"이라고 읽을 수 있었으나 그에 맞는 답을 스스로 생각해내지는 못했습니다. 희망이 엄마는 "희망이는 자전거 잘 타지?" 하고 물었습니다. 희망이는 고개를 끄덕였습니다. 희망이는 엄마의 도움을 받아 '내가 좋아하는 것'을 쓰는 란에 '자전거 타기'라고 또박또박 잘 썼습니다.

희망이와 조금 친해진 나는 희망이의 손을 잡고 학교 이곳저곳을 함께 둘러보았습니다. 새 학년에서 이동수업을 하는 장소를 미리 가보았습니다. 우리는 먼저 새로 리모델링한 튼튼교실에 갔습니다. 튼튼교실은 유휴교실을 저학년 아이들을 위한 운동 놀이 공간으로 리모델링한 교실입니다. 튼튼교실에는 원목 운동기구들이 있었습니다. 늑목과 그물망, 흔들다리, 터널 등이 있었습니다. 튼튼교실 첫 개시를 우리 희망이가 하였습니다. 희망이는 튼튼교실에 들어가자마자 내 손을 놓더니 혼자서 모든 운동기구들을 아주 잽싸게 다 타보았습니다. 희망이는 운동능력이 꽤 좋았습니다. 희망이는 움직임 욕구가 큰 아이라 엄마와 방과 후에 여러 가지 운동을 배우러 다닌다고 하였습니다. 튼튼교

     모든 교실은 신경다양성 교실이다

실에서 나와 강당으로 갔습니다. 강당은 넓은 공간이라 희망이에게 저 앞 무대까지 뛰어보라고 했습니다. 그런데 희망이는 뛰어가지 않고 제자리 점프만 했습니다. 너무 귀여웠습니다. 다음으로 시청각실에 가서 방청객 의자에도 앉아보았습니다. 이곳에서 창의 음악 수업을 할 예정이었습니다. 소리가 울리는 곳인데도 별 거부반응 없이 잘 들어가 주었습니다.

나는 희망이 엄마에게 뜻밖의 선물을 받았습니다. 희망이 엄마가 나의 책을 잘 읽었다면서, 희망이의 강점을 파악하는 데 도움이 되었으면 좋겠다며 희망이의 사진과 글이 담긴 파일을 주셨습니다. 20페이지가 넘는 자료가 담겨 있었습니다. 이렇게 정성스러운 파일을 만들어 주시다니 나는 깜짝 놀랐습니다. 자료를 보니 희망이가 어렸을 때부터 자라온 모습들이 담겨 있었습니다. 희망이가 좋아하고 잘하는 활동을 하는 사진들이 있었고 사진마다 엄마가 정성스럽게 설명을 써 놓았습니다. 희망이는 그림 그리는 것을 좋아했습니다. 집안 곳곳에서 그림을 그렸습니다. 엄마 아빠와 나들이 가서도 그림 그리는 모습이 있었습니다. 희망이가 가장 좋아하는 선물은 장난감이 아니라고 합니다. 색칠 도구 선물을 제일 좋아한다고 했습니다. 그것도 전에 본 적이 없는 색깔이 들어 있는 색칠 도구를 좋아한다고 합니다. 그렇게 모아온 색칠 도구가 집안 가득 있었습니다. 집 안이 거의 미술학원 같았습니다.

　희망이는 운동도 꽤 잘했습니다. 인라인스케이트 타는 모습도 있고, 농구를 하는 모습, 스키를 타는 모습도 있었습니다. 희망이는 특히 수영을 잘한다고 하였습니다. 물고기를 좋아한다더니 물고기처럼 헤엄치는 것이 좋은가 봅니다. 그리고 희망이가 작은 피아노를 치면서 노래 부르는 모습도 있었습니다. 희망이의 귀여운 사진들을 훑어보면서 나는 희망이만의 특별함을 알아낼 수 있었습니다. 희망이는 '작은 예술가'입니다. 음악, 미술, 체육에 강점이 있는 아이니까요. 작은 예술가 희망이와의 1년이 어떻게 펼쳐질지 기대되었습니다.

2학년의 매운맛

3월 첫날이 되었습니다. 2학년 아이들이 얼마나 예쁠지 한껏 기대되었습니다. 아이들이 하나둘 교실로 들어왔습니다. 긴장한 얼굴로 등교하는 아이들이 참 귀여웠습니다. 고학년 아이들만 보다가 2학년 아이들을 보니 정말 아기같이 작고 예뻤습니다. 아이들 대부분 앞니가 몽땅 빠져있어서 웃는 모습이 압권이었습니다. 드디어 첫 시간이 되었습니다. 나는 그때의 충격을 지금도 잊을 수가 없습니다. 나는 교단에 서서 아무 말도 할 수 없었습니다. 교실로 들어올 때 긴장했던 모습은 온데간데없고 24명의 아이들이 다 자기 말만 하고 있었습니다. 내가 아무리 이야기를 해도 아무도 나를 쳐다보지 않았습니다. 아이고 이를 어쩐담… 겨우 아이들을 집중시켰는데 집중시간이 10분도 채 되지 않았습니다. 나의 눈치를 전혀 안 보는 천방지축에 해맑음 그자체였습니다. 24명의 아이들이 똑같은 질문을 한 명씩 하기 시작합니다. "선생님, 이거 어떻게 하는 거에요?"라고 말입니다. 똑같은 질문을 계속 받다 보니 환청이 들리는 듯했습니다.

내가 감히 2학년을 얕잡아 보다니…. 나는 개학하고 1주일 동안 완전히 파김치가 되어 집에 가면 매일 몸살이 났습니다. 고학년만 해오는 바람에 2학년 아이들의 수준을 파악하지 못했던 것입니다. 누가 저학년을 힐링하는 학년이라고 했던가…. 그런 덕담을 해주신 선생님들이 원망스러웠습니다. 고학년보다 2배는 더 힘들었습니다.

나는 다시 마음을 다잡아야 했습니다. 먼저 고학년에 익숙한 학급운영 방식을 접어놓고 저학년 아이들을 위한 학급운영 계획을 다시 세웠습니다. 일단 나의 기대수준부터 한참 내려놓기로 했습니다. 집중시간이 짧은 아이들을 위해서 나는 최대한 짧게 말을 해야 했습니다. 똑같은 질문을 스물네 번이나 반복하는 아이들을 위해 짧고 명확하게 활동에 대해 안내했습니다. 그리고 마지막으로 아이들에게 호소했습니다. "얘들아, 선생님이 말할 때 너희들은 듣는 거야."라고요. 그렇게 폭풍 같던 새 학년 2주일을 보내고 나니 어느 정도 적응이 되었습니다.

나는 그제서야 희망이가 보였습니다. 희망이는 전반적인 지원이 필요한 아이라서 보조 선생님이 우리 교실에 상주하면서 희망이를 돌봐주셨습니다. 그분 덕분에 나는 2학년 담임으로 겨우 적응할 수 있었습니다. 희망이는 개학 날 우리 교실에 들어오는 것을 주저했습니다. 며칠 전에는 나와 함께 교실에서 잘 있었지만 아이들이 가득해 와글와글 시끄러운 교실은 낯설었나 봅니다. 보조 선생님과 복도에서 한참을 실랑이하다가 겨우 들어와 1교시에 그림만 그리고 나가버렸습니다. 다음 시간에는 튼튼교실에 가고 싶다면서 우는 바람에 보조 선생님과 튼튼교실에 다녀왔습니다. 희망이가 첫 개시를 했었던 튼튼교실이 그래도 마음에 들었나 봅니다.

이틀 동안 희망이는 우리 교실에서 울면서 보냈습니다. 그래도 자기가 해야 할 과제는 다 해냈습니다. 자기소개 활동시간에 보조 선생님의 도움을 받아 빈칸에 알맞은 말도 잘 쓰고 자기 차례가 되었을 때 발표도 잘해서 친구들이 박수쳐 주었습니다. 우리 반 아이들 모두가 자기소개를 했습니다. 자기가 바라는 것은 엄마 아빠와 오래오래 사는 것이라고 말하면서 눈물을 훔치는 남자아이가 너무 귀여웠습니다. 자기소개를 하는 모습을 보니 천방지축 아이들이 모두가 하나하나 다른 작은 별처럼 빛나 보였습니다.

희망이는 알림장을 우리 반에서 제일 잘 썼습니다. 1학년 때부터 익숙하게 했던 일이라 그런가 봅니다. 알림장을 쓰고 나에게 검사 받으러 나오라고 했더니 교탁에 알림장을 던져놓고 가버렸습니다. 보조 선생님이 희망이를 교탁 앞으로 다시 데리고 와서 검사할 때까지 기다렸다가 인사를 하고 가지고 갈 수 있도록 도와주었습니다. 새 학기가 되어서 단체 사진도 찍었습니다. 희망이는 사진을 찍기 싫은지 이리저리 몸을 움직이고 있었습니다. 희망이 양옆에 있던 친구들이 손을 잡아주었더니 잠깐 앉아 있을 수 있었습니다. 희망이가 가만히 앉아 있는 시간에 잽싸게 단체 사진도 찍을 수 있었습니다.

나는 마음 졸이며 집에서 아이를 기다리고 있을 희망이 엄마가 생각났습니다. 희망이 엄마에게 매일 있었던 일을 문자로 보내드리고 사진도 보내드렸습니다. 희망이 엄마는 기뻐하셨습니다. 희망이 엄마는 밝고 씩씩한 분이었습니다. 그런 희망이 엄마가 고마웠습니다.

예민한 감각

2학년 신경다양성 교실에 어느 정도 적응이 되고 나니 아이들 한 명 한 명이 눈에 들어오기 시작했습니다. 쉬는 시간 아이들의 모습은 참 다양했습니다. 자기 자리에 가만히 앉아서 사부작거리며 종이접기나 만들기를 하는 아이, 끊임없이 친구들의 등에 올라타고 다리를 걸며 레슬링을 하는 아이, 피아노를 열심히 치는 아이, 보드게임을 하는 아이, 포켓몬 딱지를 가지고 노는 아이, 복도를 질주하며 잡기 놀이를 하는 아이, 쉬는 시간마다 내 무릎에 앉으며 선생님 옆에만 있으려는 아이, 귀여운 스티커를 자랑하며 친구들과 수다 떠는 아이, 6학년 형들처럼 게임 이야기를 하는 아이, 온갖 창의적인 장난을 끊임없이 하면서 노는 아이… 자기만의 색깔대로 쉬는 시간을 보내는 아이들의 모습이 마치 평화로운 그림같이 보였습니다. 희망이도 이 아이들 틈에서 크레파스로 열심히 그림을 그리며 자기만의 세계를 즐기고 있었습니다.

희망이는 감각이 무척 예민합니다. 촉각, 미각, 청각, 후각이 모두 예민한 것 같았습니다. 그래서 희망이가 가장 힘들어하는 공간은 다름 아닌 급식실이었습니다. 전교생이 딸그락거리며 엄청난 소음을 내며 밥을 먹는 급식실이 희망이에게 감각 과부하를 일으키는 것 같았습니다. 희망이는 3월 첫째 주 동안 급식실에서 아무것도 먹지 않았습니다. 어떻게 사람이 이렇게 먹지 않을까 싶을 만큼 아무것도 먹지 않았습니다. 작년에도 급식실에 들어가기까지 한 달의 시간이 필요했다고 합니다. 그 후론 편식이 심하긴 했지만 밥은 먹었다고 합니다. 그런데 다시 새 학기가 되니 급식실 적응시간이 또 필요한가 봅니다. 희망이는 아침에 학교에 와서 우유도 안 먹고 점심도 안 먹고 오후 수업까지 해야 했습니다. 얼마나 배가 고프고 힘들까 싶었습니다.

나는 희망이가 뭐라도 먹어야 한다고 생각했습니다. 희망이 엄마에게 희망이가 좋아하는 반찬을 싸달라고 했습니다. 희망이 엄마는 도시락통에 반찬을 싸서 보내주셨습니다. 희망이는 엄마의 반찬을 보자 학교 밥과 함께 조금씩 먹기 시작했습니다. 보조 선생님의 도움을 받아 희망이가 밥을 먹기 시작하자 안심이 되었습니다. 편식하면 어떻습니까? 일단 뭐라도 먹을 수 있어서 다행이라고 생각했습니다. 먹어야 힘이 나서 공부도 하고 방과 후 활동도 할 수 있으니까요.

통합교과 시간에 오감에 대해 배우는 수업을 했습니다. 오감을 직접 느껴보는 체험활동 수업이었습니다. 감각자극에 굉장히 민감한 희망이가 새로운 자극을 과연 잘 받아들일지 또 어떤 반응을 보일지 궁금했습니다.

시각체험은 두 개의 똑같은 그림에서 다른 부분을 찾는 활동이었습니다. 청각체험으로는 작은 플라스틱 용기에 동전, 모래, 콩, 쌀을 넣고 겉을 감싸 안 보이게 한 후 하나씩 소리를 듣고 안의 물체를 알아맞추게 하였습니다. 후각체험은 레몬즙과 들기름, 간장, 식초의 냄새를 맡아보게 하였습니다. 미각체험은 소금, 설탕, 분유, 짬뽕 분말을 각각 맛보게 하였습니다. 촉각체험은 곰인형, 수세미, 비누, 클레이를 상자 안에 넣고 손만 넣어 만져본 후 어떤 물건인지 맞춰보게 하였습니다. 모둠별로 각 체험 부스를 다니면서 오감체험을 시작하였습니다. 아이들은 이곳저곳에서 까르르 웃으면서 신이 났습니다. 아이들은 미각체험을 가장 흥미로워했습니다. 내가 아이들 손에 가루를 조금씩 덜어주면 아이들은 가루들의 강렬한 맛에 깜짝 놀라며 폴짝폴짝 뛰면서 좋아하였습니다.

드디어 희망이의 차례입니다. 희망이는 보조 선생님의 손을 잡고 체험 부스 앞까지는 왔지만 갑자기 안 하겠다며 교실 밖으로 도망가버렸습니다. 보조 선생님이 겨우 다시 데리고 와서 촉각 체험부터 하였습니다. 희망이는 안이 보이지 않는 상자에 손을 넣는 것을 무서워하였습니다. 그래도 무서움을 꾹 참고 용기를 내 잠깐씩 손을 넣어서 안의 물건을 다 만져보았습니다. 다음은 청각체험을 하였습니다. 플라스틱 병을 빠르게 하나씩 들고 소리를 들어보았습니다. 그런데 후각과 미각 체험은 정말 못 하겠나 봅니다. 또 도망가 버렸습니다. 다시 돌아왔을 때 내가 희망이 손에 설탕을 조금 덜어주니 몸서리를 치며 소리를 질렀습니다. "싫어요!" 희망이는 아쉽게도 후각과 미각 체험을 하지 못했습니다. 아직 희망이에겐 너무 힘든가 봅니다.

희망이는 오감 중 시각에 강점이 있었습니다. 희망이는 시각자료에 반응을 잘했습니다. 희망이는 시각적 학습자였던 것입니다. 희망이는 내가 하는 말을 듣지 않습니다. 내가 희망이 바로 앞에서 말을 해도 나를 처다보지도 않습니다. 하지만 내가 교과서의 그림이나 사진, ppt 화면, 동영상과 같은 시각자료를 보여주면 바로 집중하는 모습을 보였습니다. 자폐스펙트럼장애가 있는 신경다양성 아이들은 언어적 정보를 처리하는 능력보다 시각적 정보처리능력에 강점이 있는 경우가 많습니다. 희망이도 시각적 정보처리에 강점이 있는 아이였습니다. 나는 희망이를 위해 수업 시간에 간단한 시각자료를 늘 준비해서 보여주었습니다. 그리고 화면에 시각자료를 계속 띄워놓기도 했습니다. 희망이에게 언어적 정보는 그냥 흘러가 버리는 정보지만 시각자료는 머물러 있기 때문에 한참을 보면서 스스로 생각할 수 있습니다. 시각자료는 희망이의 수업참여를 위해 꼭 필요한 요소였습니다. 나는 희망이를 위한 활동지를 만들 때 글보다는 그림이나 사진

중심으로 간단하고 직관적인 활동지를 만들었습니다. 희망이는 자기만의 활동지를 아주 잘 해냈습니다.

희망이는 역시 미술 시간을 제일 좋아하였습니다. 미술 시간에는 보조 선생님의 도움 없이도 스스로 작품 만들기에 열중합니다. 모둠 친구가 가지고 온 새로운 색칠 도구에 관심을 보였습니다. 이렇게 관심을 보일 때가 상호작용을 가르칠 수 있는 절호의 기회입니다. 나는 희망이를 보며 친구에게 색칠 도구를 빌려도 되냐고 물어보라고 하였습니다. 친구의 대답을 듣고 나서 빌려 가게 하였습니다. 희망이는 색칠 도구를 빨리 쓰고 싶은 마음에 친구에게 연신 허락을 구하는 말을 몇 번이고 하였습니다. 친구들은 허락을 구하는 희망이를 칭찬하면서 기쁘게 색칠 도구를 빌려주었습니다. 역시 작은 예술가 희망이는 미술 시간마다 다양한 색깔을 활용하여 멋진 작품을 만들어냈습니다. 다채로운 색깔이 주는 시각정보가 가득한 미술 시간이 희망이에겐 제일 행복한 시간인 듯 보였습니다.

학습의 구조화

희망이와 수업을 해보니 희망이에겐 학습의 구조화가 필요

          모든 교실은 신경다양성 교실이다

하다는 것을 알게 되었습니다. 구조화(structuralization)는 학생이 교수-학습 활동의 순서와 과제를 예측할 수 있도록 계획하고 구성하는 것입니다. 예를 들어, 오늘의 수업 활동 순서는 어떻게 되는지, 몇 교시에는 어떤 교실에 갈 것인지, 몇 교시에는 외부 선생님이 오시는데 무슨 수업을 할 것인지 등에 대한 구체적인 정보를 미리 제공하는 것입니다. 자폐스펙트럼장애가 있는 신경 다양성 학생은 예측 불가능한 상황에 크게 불안을 느낍니다. 이렇게 예측할 수 있는 구조화된 환경에서 안정감과 편안함을 느끼며 자신의 불안을 조절할 수 있습니다.

희망이는 하나의 활동에 집중하기 시작하면 그다음 활동으로의 전환이 어려웠습니다. 자신의 세계에 빠져있을 때가 많아서 다음 활동이 무엇일지 관심이 없습니다. 예상하려고 하지도 않았습니다. 그런 아이에게 다음은 이런 활동을 해야 하니 지금 하던 것을 그만하라고 하면 아이는 화를 냅니다. 일본의 정신과 전문의 혼다 히데오 박사는 자폐스펙트럼의 가장 큰 특징은 다음과 같다고 하였습니다. "자신의 관심과 방식 및 진행 속도의 유지를 가장 우선시하고자 하는 본능적 지향이 강하다."는 것입니다. 희망이가 딱 그랬던 것 같습니다. 희망이는 그림을 그리고 싶은데 선생님은 그림 그만 그리고 교과서를 읽자고 하면 희망이의 입장에서는 예상치 못한 활동을 강요받는다는 느낌이 들것입니다.

나는 희망이가 힘들어하지 않도록 매일 아침 희망이에게 오늘 할 일에 대한 간단한 브리핑을 합니다. 마치 회사 CEO에게 하루의 스케줄을 안내하는 비서처럼 말입니다. 나는 꼬마 CEO에게 오늘의 스케줄대로 자석 시간표를 칠판에 직접 붙여보게 합니다. 희망이가 직접 시간표를 붙이면서 오늘의 활동을 예상할 수 있도록 했습니다. 그렇게 반복하니 희망이는 각 요일별 시간표에 어느 정도 적응을 하는 것 같았습니다. 희망이 같은 아이들은 루틴에서 편안함을 느낍니다. 그래서 희망이가 학기 초에 적응하기까지는 웬만하면 루틴을 변경하지 않고 지키기로 했습니다.

하지만 학급을 운영하다 보면 예상치 않게 수업을 변경할 때도 있습니다. 그럴 땐 미리 이야기해 줍니다. 그래야 덜 불안해하고 변경된 스케줄도 잘 받아들입니다. 희망이는 늘 보조 선생님과 함께 우리 반 수업에 참여하고 있어서 보조 선생님이 희망이에게 다음 활동을 예측할 수 있도록 계속해서 안내해주고 있었습니다.

희망이에겐 학습의 구조화가 꼭 필요하다고 말했던 내가 어느 날 큰 실수를 하고 맙니다. 우리 반은 수요일 마지막 시간이 도서실 시간입니다. 아이들도 나도 도서실에 가는 시간을 좋아

    모든 교실은 신경다양성 교실이다

했습니다. 도서실 시간이 마지막 시간이다 보니 수업을 마치기 5분 전에는 다시 교실로 가서 가방을 챙겨 하교해야 했습니다. 그래서 그날 나는 우리 반 아이들이 도서실에 최대한 오래 머물게 하고 싶어서 미리 가방을 챙겨 도서실에 가기로 했습니다.

나는 아이들에게 알림장을 쓰게 했습니다. 그리고 모두 가방을 챙겨서 메고 도서실에 가자고 했습니다. 아이들은 신나게 가방을 챙기고 줄을 서기 시작했습니다. 그런데 갑자기 희망이가 울기 시작합니다. "도서실 안 갈거야!" 그러면서요. 곧 그치겠지 싶었는데 도서실에 온 내내 희망이는 울었습니다. 내가 아침에 분명히 오늘 마지막 시간이 도서실 시간이라고 알려줬는데 희망이가 왜 우는지 도통 알 수가 없었습니다. 희망이는 도서실 시간 내내 울기만 했습니다. 다른 아이들이 희망이의 우는 소리에 제대로 독서를 할 수 없었습니다. 보조 선생님이 희망이를 데리고 복도로 나갔습니다. 희망이에게 왜 우냐고 물어봐도 대답을 안하니 도대체 뭐가 잘못된 건지 몰랐습니다.

희망이를 겨우 달래서 집으로 보내고 가만히 생각해 보았습니다. 아차차! 순서가 바뀌었던 것입니다. 보통 알림장을 쓰고 가방을 싸면 집으로 갔습니다. 그런데 오늘은 알림장을 쓰고 가방도 챙겨서 멨는데 선생님이 집에 가라고 하지 않고, 도서실에 가자고 한 것이었습니다. 내가 일방적으로 루틴을 바꾸어 놓고

희망이에게 제대로 설명을 안 했던 것입니다. 이 일로 또 하나 배웠습니다. '좀 더 꼼꼼한 비서가 되자.'

희망이에게 구조화가 중요하다는 것이 체육수업에서도 나타났습니다. 희망이 엄마에게 받은 자료에 의하면 희망이는 각종 스포츠를 배우고 움직이는 활동을 좋아하는 아이라서 체육수업을 잘할 것이라고 생각했습니다. 나는 희망이와 아이들을 데리고 운동장에서 신나게 체육수업을 하기로 계획했습니다. 활동 1, 2, 3을 머릿속에 계획하고 여러 가지 체육 교구들도 미리 준비했습니다. 아이들을 데리고 운동장에 나갔습니다. 먼저 준비운동을 했습니다. 준비운동은 희망이도 곧잘 따라 했습니다. 다음으로 활동을 설명하는 시간이 되었습니다.

그때부터 희망이는 운동장을 질주하기 시작합니다. 끝없이 운동장을 돌았습니다. 보조 선생님이 열심히 뒤를 따라 다녔습니다. 겨우 붙잡아서 우리가 수업하는 곳으로 데리고 왔더니 이젠 운동장에 아예 주저앉아 버렸습니다. 그때부터는 모래 놀이 삼매경에 빠졌습니다. 모래를 손등에 뿌리고 성을 쌓기도 하고 무너뜨리기도 하면서 신나게 놀이를 합니다. 친구들과 같이 수업하자는 선생님 말은 듣지도 않았습니다. 나와 보조 선생님이 아이를 참여하게 하려고 아무리 애를 써도 희망이는 운동장에서 혼자 신나게 놉니다.

나는 좌절하고 말았습니다. 희망이가 운동을 좋아한다고 해서 열심히 준비했는데 하나도 참여시키지 못했으니 말입니다. 앞으로 체육 시간은 어떻게 해야 하나 걱정되었습니다. 희망이도 함께 참여하기 위해서는 어떤 수업을 준비해야 할지 감이 잡히지 않았습니다. 그렇게 망쳐버린 체육수업을 했던 한 주가 지나고 그다음 주 체육 시간이 되었습니다. 그날은 비가 왔습니다. 당연히 운동장에서는 수업을 할 수 없게 되었습니다.

나는 튼튼교실에서 체육수업을 하기로 했습니다. 튼튼교실에서 여러 가지 기구를 이용하는 순환 운동을 한 후 매트 운동을 하기로 했습니다. 아이들이 줄을 서서 차례차례 순환 운동을 했습니다. 튼튼교실을 좋아했던 희망이도 줄을 서서 순환 운동에 즐겁게 참여했습니다. 그다음은 튼튼교실 마루에서 매트 운동을 하였습니다. 옆으로 구르기와 앞으로 구르기를 연속으로 하는 활동이었습니다. 희망이는 앞 친구들이 하는 모습을 유심히 쳐다보다 자기 차례가 되니 친구들하고 똑같이 옆구르기와 앞구르기를 하였습니다. 세상에⋯ 튼튼교실에서는 체육수업에 온전히 참여하는 것이었습니다. 그 모습이 너무 신기하여 보조 선생님과 나는 박수를 치며 희망이를 응원했습니다. 튼튼교실에서의 수업은 대성공이었습니다.

왜 희망이가 운동장에서 하는 체육수업은 참여하지 않고 튼튼교실에서는 잘 참여하였을까요? 내가 생각하기에 운동장은 희망이에게 너무나 많은 자극이 있는 곳이었던 것 같습니다. 넓은 운동장에서 희망이는 선생님의 말 따위는 듣고 싶지 않고 마음껏 뛰어다니고 싶었던 것입니다. 그리고 모래의 감촉을 느끼고 싶었던 것 같습니다. 그런 욕구가 더 큰 아이에게 수업에 참여하라고 하니 아이는 하고 싶지 않았던 것입니다. 반면 튼튼교실은 한 눈에 쏙 들어오는 구조화된 공간이었던 것입니다. 그곳에서는 무엇을 해야 할지 나름대로 예상하기에 충분했던 것입니다. 역시 희망이에겐 학습의 구조화가 필요했습니다.

나는 튼튼교실에서는 조금은 복잡하고 집중을 요하는 체육 활동을 하기로 했습니다. 그리고 운동장에서는 모든 아이들이 신나게 뛰어노는 활동을 하기로 했습니다. 술래잡기나 다방구, 꼬리따기와 같이 모두가 운동장을 자유롭게 뛰어다니는 놀이 활동을 했습니다. 그러면 우리 희망이가 자유롭게 운동장을 질주해도 전혀 이상해 보이지 않거든요.

함께하는 것을 배우다

희망이는 다른 사람에 대한 관심이 없습니다. 자기만의 세계에 홀로 있는 시간을 더 즐기는 듯 보였습니다. 하지만 희망이도 최소한의 사회성은 배워야 한다고 생각합니다. 나는 우리 교실이 희망이가 사회성을 익힐 수 있는 가장 안전하고 훌륭한 공간이라고 생각합니다. 수용적인 또래들과 함께 있는 공간이니까요. 나는 희망이가 우리 교실에서 조금이라도 친구들과 함께하는 것을 배워 나갈 수 있기를 바랐습니다.

나는 우선 우리 반 아이들에게 희망이의 장애에 대해 이야기해 주었습니다. 자폐스펙트럼장애가 있는 사람들의 특징과 어려움, 그들의 강점, 그리고 그들과 함께 살아가는 방법들에 대해서도 설명해 주었습니다. 우리 반 아이들은 아직 어리지만 희망이의 모습을 보며 자폐스펙트럼장애가 무엇인지 어렴풋이 이해할 수 있었습니다. 희망이는 타인에 대해 관심이 없어 보이지만 우리가 옆에서 자꾸 말도 걸고 함께 놀이도 하면 조금씩 다른 사람에 대한 관심을 보일 수 있다고 말했습니다. 사람은 혼자서는 살 수 없기 때문에 희망이도 최소한의 사회성은 갖춰야 세상을 살아가는데 덜 힘들 것이라고 말했습니다.

내가 이렇게 아이들에게 장애이해교육을 하고 나면 장애가 있는 친구에 대한 수용과 이해가 급속히 높아집니다. 장애가 있는 친구를 있는 그대로 받아들이려 하고 그 친구가 조금 불편하게 하더라도 너그러운 마음으로 이해해 줍니다. 그런데 학부모

가운데는 자녀의 장애를 또래 친구들이 알게 되는 것을 두려워하는 분들이 있습니다. 아마도 친구들이 장애가 있다고 놀리거나 비하하거나 낙인찍을까 봐 그럴 것입니다. 그런데 그것은 어른들의 편견일 뿐입니다. 대부분의 어른들은 장애를 부정적인 것, 나쁜 것, 공개적으로 말하면 안 되는 것이라는 편견을 가지고 있습니다. 그러나 아이들에게는 그런 편견이 없습니다. 오히려 어릴 때 장애에 대해 배우면 훨씬 더 편견 없이 그것이 한 인간의 특성임을 잘 받아들일 수 있습니다. 그리고 장애 학생을 이해하고 수용하는 데도 큰 도움이 됩니다. 우리는 다양성을 가르쳐야 한다고 주장하면서 왜 그 다양성에 대해 설명조차 못하게 할까요?

장애를 들키지 않으려고 어른들이 쉬쉬하면 아이들은 생각합니다. '아, 장애라는 말은 아주 부정적이고 상처를 줄 수 있는 말이기 때문에 입 밖에도 꺼내면 안 되는구나. 그냥 모른 척해야 하는구나.'라고 말입니다. 나는 사람들이 장애에 대한 편견을 갖지 않게 하기 위해서는 '장애'라는 단어가 가치 중립적이고 사회적 지원을 강조하는 말이며, 한 사람의 특성을 설명하는 표현일 뿐이라고 가르쳐야 한다고 생각합니다. 교사와 학부모가 장애에 대해 물어보는 것을 금기시하고 아주 불편한 것으로 생각한다면, 어떻게 장애에 대해 편견이 없도록 가르치라는 것인지 어불

성설로만 여겨집니다. 그간의 경험을 통해 봐도 오히려 장애를 오픈하였을 때 장애가 부정적인 단어가 아닌 한 개인의 특성이자 다양성으로 자연스럽게 인식되는 모습을 볼 수 있었습니다.

우리 반에는 승환이라는 아이가 있었습니다. 승환이는 3월 첫날부터 희망이에게 관심을 보였습니다. 쉬는 시간마다 희망이 옆에 가서 말을 시킵니다. 물론 희망이는 쳐다보지도 않았습니다. 나는 그런 승환이가 기특해서 관찰했습니다. 처음에는 승환이가 나에게 잘 보이고 싶어서 희망이를 잘 챙기나 싶었습니다. 그런데 그게 아니었습니다. 승환이는 내가 있으나 없으나 희망이를 늘 챙깁니다. 승환이는 희망이가 알림장을 다 쓰고도 검사를 받지 않으면 빨리 가서 검사를 받으라면서 희망이 손을 잡고 내 앞으로 데리고 옵니다. 또 희망이가 가정통신문이나 활동지를 가방에 챙기지 않고 있으면 자기가 희망이 가방에 정리해서 넣어줍니다. 승환이는 진심이었습니다. 나는 그런 승환이가 너무 예뻐서 매일 칭찬을 해주었습니다.

그런데 승환이는 어떤 캐릭터냐면요. 자기 것은 하나도 챙기지 못하는 아이입니다. 승환이 자리는 늘 아수라장입니다. 온갖 물건들이 승환이 책상 주위에 널려 있습니다. 승환이는 자기 알림장은 제대로 쓰지도 않고 검사도 안 맡았으면서 희망이를 챙겨준 것입니다. 자기 물건은 가방에 넣지도 않고 늘 희망이 가방을 챙겨준 것입니다. 그런 승환이를 보며 나와 보조 선생님은 이렇게 말했습니다. "그래, 승환아, 너는 희망이를 챙기거라. 우리가 네 것을 챙길게."라고요. 아마 희망이가 우리 반에 없었다면 승환이에게 이런 예쁜 모습이 있었는지 몰랐겠지요?

희망이가 가족 여행을 가느라고 1주일간 학교에 나오지 않은 적이 있었습니다. 그때 승환이는 매일 나에게 와서 희망이가 언제 오냐고 물었습니다. 희망이가 자기 이름을 겨우 외웠는데 이렇게 오랫동안 학교에 안 나오면 자신을 잊어버릴 거라며 울먹이기까지 했습니다. 나는 그런 승환이가 너무 귀엽고 고마웠습니다. 희망이는 승환이의 선한 마음을 보여준 천사가 아니었을까 싶습니다.

승환이 이외에도 우리 반 아이들은 언제나 희망이의 성장을 기뻐해 주었습니다. 희망이가 친구들을 모방하거나 평소에 쓰지 않던 말을 하게 되었을 때를 아주 예민하게 포착합니다. 그러면 한걸음에 달려와 함박웃음을 지으며 희망이를 칭찬해 주라면서 그 사건들을 보고합니다. 희망이와 함께 성장하는 아이들의 모습을 보면서 나는 가슴 깊은 곳에서 따뜻한 울림을 느끼곤 했습니다.

나는 우리 반 아이들에게 다음과 같은 안건으로 학급회의를 하자고 제안했습니다. 우리 반에는 늘 희망이의 보조 선생님

　　　　모든 교실은 신경다양성 교실이다

이 상주해 있습니다. 그런데 일주일에 딱 2시간만 보조 선생님 없이 수업을 해보자고 했습니다. 월요일 1교시와 금요일 마지막 시간을 그 시간으로 했으면 좋겠다고 했습니다. 월요일 1교시는 주말 지낸 이야기 등을 나누는 창체 수업이고, 금요일 마지막 시간은 안전한 생활 시간이었습니다. 그 시간은 우리끼리 해보면 어떻겠냐고 아이들에게 물었습니다. 아이들은 좋다고 했습니다. 그런데 보조 선생님 없이 수업하려면 희망이 옆에 또래 선생님이 있어야 한다고 했습니다. 또래 선생님이 희망이를 도와주어야 하니까요. 아이들은 너도나도 희망이의 또래 선생님을 하고 싶다고 손을 들었습니다. 나는 일단 또래 선생님은 한 명만 있으면 된다고 했고, 그러자 아이들이 가위바위보를 하자고 했습니다. 가위바위보에서 진 아이들이 갑자기 울기 시작합니다. 자기도 또래 선생님을 하고 싶다면서요. 나는 난감했습니다. 그렇다면 또래 선생님을 매시간 바꾸어서 하자고 했습니다. 그러면 모든 친구가 희망이의 또래 선생님이 될 수 있으니까요. 아이들은 좋다며 동의했습니다. 결국 우리는 1년 치의 또래 선생님 배정표를 만들었습니다.

또래 선생님으로 배정된 아이는 그 시간에 희망이의 보조 선생님 역할을 한다는 사실에 아주 기분이 업되었습니다. 그러면 과연 보조 선생님 없이 진행한 수업이 잘 이루어졌을까요?

독자님이 예상한 그대로입니다. 그야말로 엉망진창이 되었습니다. 희망이가 갑자기 화장실을 간다고 뛰쳐나가면 우리 반 아이들 23명이 다 따라나섭니다. 우리 교실에는 아무도 남아 있지 않았습니다. 나는 헛웃음만 나왔습니다. 너무 어린 또래 선생님들이 희망이의 보조교사 역할을 하기에는 역부족이었던 것입니다.

나는 큰 깨달음을 얻었습니다. 신경다양성 교실은 결코 나 혼자 만들 수 있는 것이 아니라는 사실을 말입니다. 우리 반 보조 선생님의 빈 자리가 이렇게 큰 줄 몰랐습니다. 그동안 보조 선생님이 계셔서 내가 원활하게 수업을 할 수 있었던 것입니다. 나도 신경다양성 교실을 통해 함께하는 것을 배울 수 있었습니다.

나는 이 해에 처음으로 1교실 2교사제를 했습니다. 보조교사와 함께하는 교실이 이렇게 행복한 교실인 줄 예전에는 미처 몰랐습니다. 우리 보조 선생님은 우렁각시였습니다. 보조 선생님은 희망이만 돌보지 않았습니다. 우리 반에 나부대는 아이들을 모두 돌봐주셨습니다. 수업이 시작되면 그 아이들을 앉혀주시고 준비물도 챙겨주십니다. 저학년은 만들기와 같은 조작활동이 많은데 아이들의 진도가 느리다 싶으면 교실을 한 바퀴 훑어주십니다. 그러고 나면 모든 아이들의 작품이 완성되어 있었습니다. 마치 마술을 부린 듯했습니다. 나는 이 분 덕분에 항상 끝내는 수업을 할 수 있었습니다. 우리 반 아이들은 급식으로 짜장

면이나 스파게티를 먹고 나면 얼굴에 그 흔적은 진하게 남깁니다. 그러면 어느새 보조 선생님이 오셔서 아이들의 입을 하나하나 닦아주십니다.

나와 보조 선생님은 늘 아이들에 대한 이야기를 나누었습니다. 우리 반 아이들에 대해 나만큼 잘 알고 있는 사람이 한 명 더 있다는 사실이 너무 좋았습니다. 희망이 이외에도 어떤 아이에게 어떤 도움이 필요한지 보조 선생님의 시선으로 말씀해주십니다. 그것 또한 큰 도움이 되었습니다. 나는 보조 선생님이 우렁각시 선녀 같아 보였습니다. 신경다양성 교실은 함께 만드는 교실이라는 사실을 깨닫게 해준 소중한 분이었습니다.

나와 보조 선생님은 이런 말을 자주 했습니다. 다른 사람에게 우리 반 아이들 이야기를 하면 다 거짓말인 줄 알 거라고 말입니다. 우리 반 아이들이 희망이를 이렇게 사랑한다고 말하면 아무도 믿지 않을 거라는 이야기를 했습니다. 우리만 보기에는 너무 아까운 모습이라 많은 사람이 우리 반 아이들의 모습을 보면 참 좋겠다고 말하며 서로 웃기도 했습니다.

그런데 세상에 우리의 말이 현실이 되었지 뭡니까? 우리 반으로 다큐멘터리 촬영 의뢰가 들어왔습니다. MBC에서 만드는 〈대한민국 자폐가족 표류기〉라는 다큐입니다. 이 다큐의 주인공은 자폐아를 둔 다섯 가족입니다. 총 2부로 편성이 되었는데 1부는 유아기의 자폐 아이를 키우는 부모들의 삶에 대해서 나옵니다. 2부는 이 아이들을 어떻게 교육해야 하는지에 대한 이야기입니다. 이 아이들이 곧 초등학교에 입학할 예정이라 초등학교에서의 통합교육 모습이 필요했던 것입니다. 그래서 우리 반으로 촬영 의뢰가 들어온 것입니다.

나는 희망이 부모님께 먼저 동의를 구했습니다. 희망이의 모습이 실명과 함께 다큐에 나가도 되는지 여쭤보았습니다. 희망이 엄마 아빠는 우리 사회의 인식을 개선하는 일이라면 얼마든지 앞장서겠다면서 기꺼이 허락해 주셨습니다. 그렇게 우리 반 아이들의 모습이 다큐에 고스란히 담겼습니다. 그렇게 해서 많은 사람들이 희망이와 함께하는 따뜻한 신경다양성 교실을 볼 수 있었습니다. 자폐 가족들이 우리 반의 모습을 보며 희망을 가지게 되었다는 후기도 들을 수 있어서 참 뿌듯했습니다.

희망이와 헤어지고 나서 1년 후 기쁜 소식이 전해졌습니다. 희망이 엄마가 희망이의 동생을 출산했다는 소식입니다. 희망이와 무려 10살이나 차이 나는 남동생이 태어난 것입니다. 새로운 가족의 탄생으로 희망이네가 더 행복하길 간절히 바랐습니다.

자폐가족 표류기

     모든 교실은 신경다양성 교실이다

샛별이 이야기

샛별이와의 만남

샛별이는 내가 3학년 담임을 할 때 만났던 아이입니다. 샛별이는 아주 귀엽고 잘생긴 남학생입니다. 샛별이는 피부가 하얘서 실핏줄까지 보입니다. 피부도 생김새도 꼭 만화 속 주인공 같았습니다. 샛별이는 자폐스펙트럼장애가 있는 아이입니다. 샛별이는 내가 만난 자폐스펙트럼장애가 있는 아이들 중 가장 기능이 좋은 아이입니다. 말도 잘하고 인지기능, 학습기능도 좋았습니다. 처음에 샛별이를 봤을 때 저 아이가 정말 자폐스펙트럼이 있나 싶을 만큼 다른 아이들과의 차이가 보이지 않았습니다. 그런데 잠시 대화를 하다 보니 좀 다르다는 것을 느낄 수 있었습니다.

샛별이는 리틀 우영우 같았습니다. 몇 년 전에 TV에서 방영하여 우리 사회에 큰 반향을 일으켰던 드라마 〈이상한 변호사 우영우〉의 주인공 말입니다. 이 드라마는 자폐스펙트럼을 가진 천재 변호사의 이야기입니다. 샛별이는 우영우와 말투, 걸음걸이, 몸짓도 정말 비슷했습니다. 그러니 얼마나 귀엽겠습니까?

샛별이는 말을 잘하지만 사회적 상호작용과 의사소통에서 다름이 느껴집니다. 샛별이는 자신이 관심 있는 주제만 말하는 경향이 있습니다. 나에게, 친구에게 질문해 놓고 대답도 듣지 않고 그냥 가버리는 경우가 많았습니다. 그래서 샛별이와의 대화는 오랫동안 지속되지 못합니다. 하지만 샛별이는 친구와 노는 것을 좋아하고 먼저 장난도 잘 칩니다. 샛별이가 제일 좋아하는 놀이는 "니가 술래 나 잡아 봐라!"입니다. 이 놀이를 1년 내내 하였습니다. 이 놀이를 하기 위해서는 술래가 있어야 합니다. 우리 반 아이들은 샛별이의 술래 역할을 모두 돌아가면서 해주었습니다. 혼자만 술래를 하면 너무 숨이 차고 힘드니까요. 정말 착한 아이들이었습니다.

샛별이는 친구에 대한 특별한 관심이 있었습니다. 샛별이는 우리 반에 어떤 친구가 몇 시 몇 분에 등교하는지 다 파악하고

　　　　　모든 교실은 신경다양성 교실이다

있었습니다. 혹시라도 그 친구가 그 시간에 안 오면 나에게 말합니다. 이 친구가 올 시간이 되었는데 안 왔으니 무슨 일이 있는지 나보고 빨리 전화를 해보라고 합니다. 나의 훌륭한 비서 샛별이 덕분에 나는 출석 확인을 놓치지 않고 할 수 있었습니다.

샛별이는 쉬는 시간에 늘 내 자리 옆에 서 있습니다. 내가 샛별이 보고 어서 가서 놀라고 말을 해도 샛별이는 내 자리 옆에 서 있습니다. 샛별이는 내 책상의 컴퓨터 화면을 보고 있었습니다. 무엇을 보나 했더니 컴퓨터의 시계를 보고 있던 것입니다. 그리고 수업 시작 시간이 되면 나에게 말합니다. 선생님 빨리 수업해야지 뭐 하고 있냐면서 나를 채근합니다. 나의 훌륭한 비서 샛별이 덕분에 나는 잠시도 지체할 수 없었습니다.

샛별이는 아주 솔직한 아이입니다. 자기가 본대로 느낀대로 말하는 것이 샛별이의 독특한 매력이랍니다. 그런데 가끔 그 솔직함에 상처를 받기도 합니다. 내가 여름에 원피스를 입고 학교에 갔습니다. 한창 수업을 하는데 샛별이가 갑자기 나에게 이런 말을 합니다. "선생님, 임신하셨나요?" "헉!" 나는 할 말을 잃었습니다. 그런데 샛별이 짝꿍이 이렇게 말하는 것이었습니다. "샛별아, 너 그렇게 말하면 선생님이 기분 나쁘셔."라고요. 나는 짝꿍의 말이 더 싫었습니다. 우리 반 아이들 모두가 그렇게 생각하고 있었던 것이잖아요. 그 순간 모두 한바탕 웃고 말았지만 나는 더이상 그 원피스를 입을 수가 없었습니다. 나는 그 원피스를 갖다 버렸습니다.

샛별이가 어느 날 쉬는 시간에 나에게 오더니 아주 간절한 표정으로 이렇게 말했습니다. 선생님 한 번만 안아봐도 될까요? 왜 그러냐고 하니까 그냥 안고 싶다고 합니다. 사실 샛별이 엄마가 샛별이를 안아주지 말라고 하셨습니다. 샛별이가 안는 것을 좋아하는 아이인데, 3학년이 되어서 혹시라도 여학생을 안다가 오해를 받을까 봐 걱정된다고 하셨습니다. 그러면서 선생님도 여자니까 안지 말아 달라고 합니다. 나는 알겠다고 말씀드렸습니다. 그런데 샛별이가 갑자기 안아달라고 간곡한 표정으로 나를 바라보았습니다. 나는 '에라 모르겠다.'하고 샛별이를 꼭 안아주었습니다. 그랬더니 샛별이가 왠지 편안해 보였습니다. 나는 샛별이 엄마에게 전화해서 이실직고했습니다. 샛별이가 안아달라고 해서 안아주었다고요. 샛별이 엄마는 괜찮다면서 웃으셨습니다.

샛별이는 안기는 자극을 좋아했던 것입니다. 마음이 불안하거나 긴장이 될 때 꼭 안아주면 편안해졌던 것입니다. 자폐스펙트럼장애가 있는 사람들 중에는 압박이불이나 압박조끼 등으로 심부압박을 하면 불안이 완화되는 경우가 많이 있다고 합니다. 샛별이도 그런 것 같았습니다. 예전에 오티즘 엑스포에 갔었는데 자폐인을 위한 압박조끼가 전시되어 있었습니다. 궁금해서

입어보았습니다. 조끼를 입고 버튼을 누르면 구명조끼처럼 압박 조끼가 부풀어 오릅니다. 나는 숨이 막혀서 바로 벗었습니다. 내가 안아주어서 샛별이의 불안이 낮아진다면 얼마든지 안아줄 수 있습니다. 전혀 어려운 일이 아니니까요.

나는 샛별이가 경증의 자폐스펙트럼장애를 가지고 있어서 자폐스펙트럼장애를 가진 사람들이 겪는 어려움이 덜할 것이라고 예상했습니다. 하지만 인지기능과 언어기능이 좋은 샛별이도 감각에 대한 예민함과 정서조절의 어려움이 있었습니다. 나는 그제서야 자폐스펙트럼은 입체 퍼즐과 같다는 남보람 박사님의 말을 이해할 수 있었습니다. 앞에서도 소개한 남보람 박사님은 《자폐 영유아와 함께 놀이하며 성장하기》에서 스펙트럼에 관한 오해를 말합니다. 일반적으로 사람들은 자폐스펙트럼의 스펙트럼을 일직선으로 생각한다고 합니다. 가장 심한 자폐부터 가장 경한 자폐까지 한 줄로 세울 수 있다고 여깁니다. 심한 자폐증은 모든 부분에서 어려움이 있을 것이고 경한 자폐증은 모든 부분에서의 어려움이 덜 할 것이라고 여긴다는 것입니다.

하지만 다음의 그림처럼 자폐의 실제 모습은 방사형이며 입체 퍼즐의 모습이라고 합니다. 인지, 언어, 감각, 운동, 특별한 관심, 정서조절, 일과에 대한 집착 등의 모습들이 사람마다 모두 다르다는 것입니다. 샛별이는 겉으로 보아서는 경증의 자폐스펙트

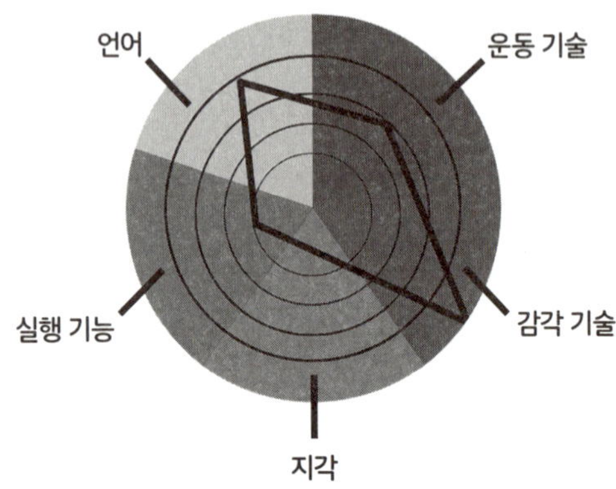

CAMHS professionals의 THE AUTISM SPECTRUM 인포그래픽을 국문 번역 및 재가공
• 출처: 남보람, 《자폐 영유아와 함께 놀이하며 성장하기》.

럼 모습을 보이지만 입체 퍼즐처럼 샛별이 나름대로 내적인 어려움도 많이 있었습니다.

꾸준히 성장하다

샛별이는 학습과 생활면에서 꾸준히 성장하는 아이였습니

다. 자폐스펙트럼이 있는 아이도 이렇게 성장하는 게 눈에 보이는구나 싶었습니다. 샛별이는 1학년 때만 해도 교실에서 착석이 되지 않았다고 합니다. 그래서 보조 선생님과 함께 수업했었습니다. 샛별이 같은 경우는 경증의 특수교육대상 학생이라 학교에서 채용한 보조 선생님이 배치되지 못했습니다. 그분은 다른 중증의 아이를 돌봐야 했기 때문입니다. 할 수 없이 샛별이 엄마는 집으로 오는 장애인 활동 지원사를 학교에 보내 샛별이를 돌볼 수 있도록 해주셨습니다. 활동 지원사가 보조 선생님의 역할을 했던 것입니다. 원래 활동 지원사는 가정에서 장애 아이를 돌보는 일을 하는 분입니다. 그래야 엄마 아빠도 사회생활을 할 수 있기 때문입니다. 그런데 학교는 늘 보조 인력이 부족하다 보니 종종 활동 지원사가 학교에 보조교사로 오는 경우가 있습니다. 보조교사 배치는 지원이 필요한 장애 학생들이라면 당연히 누려야 할 권리이지만 인력 부족으로 인하여 장애 학생들이 적절한 지원을 받지 못하는 경우가 너무나 많습니다.

샛별이는 2학년이 되어서는 교실에서 착석할 수 있었습니다. 그런데 교실 밖으로 갑자기 뛰쳐나갈 때가 있어서 활동 지원사가 복도에서 대기하고 있었습니다. 그리고 3학년이 되어 나를 만나고 나서는 샛별이가 더이상 밖으로 나가지 않았습니다. 그래서 나는 활동 지원사께 가셔도 된다고 했습니다.

이렇게 3학년이 된 샛별이는 어엿한 초등학생으로 학교생활에 잘 적응해 가고 있었습니다. 샛별이는 1, 2학년 때는 특수학급에서 국어와 수학 공부를 하였습니다. 나머지 과목은 통합학급에서 했습니다. 그런데 3학년이 된 샛별이를 관찰해보니 수학을 곧잘 했습니다. 아주 꼼꼼하게 문제를 풀었습니다. 시간이 좀 걸리긴 했지만 정확도도 높고 무엇보다 끝까지 다 풀었습니다. 그런 샛별이가 기특했습니다. 나는 샛별이가 수학을 잘한다는 것을 알게 되었습니다. 물론 서술형 문제는 좀 어려워했지만 연산 문제는 곧잘 풀었습니다. 나는 개별화교육계획회의 시간에 이제부터 수학 시간에 샛별이가 통합학급에서 공부했으면 좋겠다고 말했습니다. 특수 선생님과 샛별이 엄마도 모두 동의해서서 그렇게 결정이 되었습니다.

드디어 수학 시간이 되었습니다. 그런데 이를 어쩐담. 샛별이는 수학 시간 내내 멍하게 앉아 있었습니다. 내가 호기롭게 우리 반에서 수학을 가르치겠다고 큰소리쳤는데 샛별이가 전혀 못 따라오고 있었습니다. 이를 어떻게 해야 하나 난감했습니다.

샛별이는 늘 특수학급에서 개별학습으로 수학 공부를 했기 때문에 통합수업이 익숙하지 않은 것이었습니다. 게다가 우리 반에서의 수학수업이 샛별이가 따라가기에 벅찼습니다. 샛별이가 우리 교실에서 수학 공부를 하려면 보조교사가 필요했습니다. 보조교사가 샛별이 곁에서 촉진을 해주어야 했습니다. 역시 통합교육은 나 혼자 할 수 없는 것이라는 사실을 또 깨닫게 되었습니다. 나는 학교에 샛별이를 위해 보조교사를 배치해 달라고 요청했습니다. 그런데 돌아온 대답은 보조교사 배치가 이미 다 끝나서 샛별이를 위한 시간을 추가 배치할 수 없다고 했습니다.

나는 우리 학교에 계시는 모든 보조 선생님들께 한두 시간만이라도 우리 교실에서 함께해달라고 요청했습니다. 특수교육 실무사, 사회복무요원, 기초학력 협력강사, 학습튜터 선생님 이렇게 네 분이 여덟 시간을 우리 교실에 들어와 주셨습니다. 샛별이는 수학과 과학, 음악 시간에 보조교사 지원을 받을 수 있었습니다. 수학 시간에는 조금 느리게 따라오는 샛별이를 위해 보조 선생님이 샛별이의 속도대로 기다려주셨습니다. 과학 시간에는 각종 실험을 해야 하는데 샛별이가 감각이 예민하다 보니 실험에 참여하는 것을 주저했습니다. 그때도 보조 선생님이 샛별이가 준비될 때까지 기다려주셨습니다. 음악 시간에는 처음으로 리코더를 배우게 되어 샛별이가 운지법을 충분히 익힐 때까지 도와주었습니다. 그분들의 도움을 받으니 샛별이도 우리 반에서 하는 수업을 무리 없이 따라갈 수 있었습니다. 많은 분들이 도와주신 덕분에 샛별이는 통합교육의 비중을 높일 수 있었습니다. 꾸준히 성장하는 샛별이가 참 고마웠습니다.

감정이 폭발하다

나는 신경다양성 아이들이 학기 초에 학교생활에 잘 적응할 수 있도록 루틴 만들기에 집중합니다. 적어도 3월 한 달 동안은 루틴대로 학급운영을 합니다. 우리 반 루틴 가운데 하나는 급식실에서 점심을 먹고 다 같이 운동장에 나가서 뛰어노는 시간을 가지는 것입니다. 숨을 헐떡이도록 뛰어놀고 나서 교실에 들어와 오후 수업을 하는 것이었습니다. 샛별이도 그 루틴을 좋아했습니다. 샛별이는 자기가 제일 좋아하는 놀이인 "니가 술래! 나 잡아 봐라."를 친구들과 열심히 했습니다. 얼굴이 벌게지도록 뛰고 나서 오후 수업을 하면 잘 참여했습니다. 나는 이 루틴대로 해나가면 샛별이도 오후 시간까지 잘 집중할 수 있겠다고 생각했습니다.

그러던 어느 날 아침부터 비가 주룩주룩 왔습니다. 비가 너무 많이 와서 등교하는 아이들이 우산을 써도 비를 흠뻑 맞았습니다. 샛별이도 비를 맞고 등교하였습니다. 그날 아침 샛별이의 표정을 보니 영 안 좋아 보였습니다. 나에게 인사하는 목소리를 들어보니 감기에 잔뜩 걸린 것 같았습니다. 기침도 하고 코도 막혀 있었습니다. 샛별이가 오늘은 컨디션이 안 좋은가 보다라고 생각했습니다.

1교시가 끝나고 쉬는 시간이 되었는데 어깨가 축 처진 샛별이가 나에게 와서 물었습니다. "선생님, 오늘 점심시간에 놀 수 있어요?"라고요. 이렇게 묻는 샛별이의 표정을 보니 슬퍼 보였습니다. 처음 보는 모습이었습니다. 나는 오늘은 비가 너무 많이 와서 운동장에서는 못 놀 것 같다고 말했습니다. 그런데 갑자기 샛별이가 얼굴이 빨개지더니 흐느껴 울기 시작했습니다. 나는 샛별이 손을 잡고 왜 우느냐고 물었습니다. 샛별이는 내 손을 뿌리치더니 내 컴퓨터 책상 아래로 몸을 웅크리고 들어가서 울었습니다. 울음소리는 점점 더 커졌습니다. 아이들이 샛별이가 우는 모습에 깜짝 놀라서 몰려들었습니다. 아이들은 샛별이에게 왜 우냐고 물었습니다. 샛별이는 대답도 없이 더 크게 울었습니다. 나는 샛별이가 오늘 운동장에서 못 논다고 하니까 이렇게 운다고 말했습니다.

아이들은 샛별이에게 다가가 오늘은 비가 오니까 못 놀지, 그게 왜 울 일이냐고 말합니다. 나는 샛별이를 책상 아래에서 끌어내려고 했습니다. 샛별이는 안 나가겠다면서 나를 밀어냈습니다. 한참 실랑이를 하다 겨우 샛별이를 끌어내어 일으켰습니다. 세상에… 샛별이가 코피를 흘리고 있었습니다. 샛별이는 코피가 자주 나는 아이입니다. 그날은 코피가 많이도 났습니다. 그런데 지혈을 하지 않고 소매로 눈물과 코피를 닦는 바람에 옷에 온통

피가 묻었습니다. 피 묻은 손으로 나와 실랑이하는 바람에 내 옷에도 피가 묻고 말았습니다. 피가 묻은 샛별이와 나의 모습을 보고 아이들이 깜짝 놀라서 다가왔습니다. 아이들 몇몇이 보건 선생님을 모시고 오겠다며 보건실로 뛰어갔습니다. 몇몇 아이들은 샛별이에게 얼른 휴지로 닦자고 하면서 휴지를 가지고 다가왔습니다. 그때 샛별이가 갑자기 앞에 있던 의자를 친구들에게 던졌습니다. 샛별이 앞에 있던 아이들 세 명이 다치고 말았습니다. 그런 공격적인 모습은 처음 보았습니다. 나는 깜짝 놀라 다친 아이들에게 갔습니다. 샛별이는 여전히 코피를 흘리고 있었습니다.

아이들이 보건 선생님과 뛰어들어 왔습니다. 내가 샛별이를 붙들고 보건 선생님이 지혈을 해주었습니다. 샛별이는 겨우 자리에 가서 앉았습니다. 조금 진정이 되어가고 있었습니다. 나와 아이들 모두 샛별이의 이런 낯선 모습에 당황할 수밖에 없었습니다. 나는 이 일을 아이들에게 어떻게 설명해야 할지 난감했습니다. 나는 아직 우리 반 아이들에게 샛별이가 자폐스펙트럼장애가 있다는 말을 하지 않았습니다. 아이들과 적어도 한 달 정도 지내고 나서 샛별이의 장애에 대한 이야기를 해 주려고 했습니다.

한바탕 소동이 벌어지고 나서 샛별이가 특수학급에 가는 시간이 되었습니다. 피투성이가 된 샛별이를 특수학급에 보냈습니다. 특수 선생님이 놀라실까 봐 전화를 드렸고 자초지종을 설명

했습니다. 나는 빨리 우리 반 아이들에게 장애이해교육을 해야겠다고 생각했습니다. 혹시라도 아이들이 샛별이를 무서워하고 싫어할까 봐 걱정되었습니다. 샛별이가 특수학급에 간 국어 시간에 나는 샛별이에 대한 이야기를 꺼냈습니다.

"얘들아, 사실 샛별이는 자폐스펙트럼장애가 있는 아이야." 아이들은 "자폐가 뭐에요? 스펙트럼은 뭐구요?"라고 물었습니다. 나는 아이들에게 샛별이가 조금 다르다는 것을 느꼈냐고 물었습니다. 아이들은 그런 것 같다고 말했습니다. 가끔 교실에서 귀를 막는 모습을 보기도 했고, 대화를 할 때 자기 말만 하는 모습을 종종 봤다는 말을 했습니다. 나는 그런 모습이 바로 자폐스펙트럼을 가진 사람들의 특징이라고 했습니다. 상호작용과 의사소통에 다름이 있고 감각도 예민해서 힘들어할 때가 있다고 했습니다.

오늘처럼 갑자기 감정 조절이 어려울 때도 있다고 말했습니다. 샛별이도 오늘 비가 와서 밖에서 놀지 못한다는 것을 잘 알고 있지만, 그 슬픔을 조절하는 것이 어려워 감정이 폭발할 수도 있다고 했습니다. 그것을 탠트럼이라고 하는데 그럴 때 샛별이가 혼자 있게 두었으면 좋겠다고 했습니다. 그땐 선생님만 샛별이 옆에 있을 거라고 말했습니다. 오늘 세 명의 친구들을 다치게 해서 미안하다고도 했습니다. 아이들은 귀를 쫑긋 세우고 내 이야기에 집중하였고 잘 알았다면서 고개도 끄덕여주었습니다.

그리고 제안을 하나 했습니다. 샛별이가 선생님 책상 아래로 숨는 것을 보니 혼자 있고 싶은 것 같다고 했습니다. 우리 교실에 샛별이를 위한 공간을 만들면 좋겠다고 말했습니다. 샛별이가 이렇게 감정 조절에 어려움이 있을 때 혼자서 마음을 가라앉힐 수 있는 공간을 마련해 두면 좋을 것 같다고 했습니다. 아이들도 좋은 생각이라고 했습니다.

그렇게 국어 시간이 끝나고 샛별이가 우리 교실로 돌아왔습니다. 진정이 된 샛별이는 다시 말짱해졌습니다. 나는 샛별이에게 말했습니다. "샛별아, 너 때문에 오늘 친구들이 다쳤어. 얼른 가서 사과해."라고요. 샛별이는 언제 그렇게 울었냐는 듯 밝은 얼굴로 친구들에게 다가가 살갑게 사과했습니다. "미안해"라고요. 아이들이 "괜찮아, 우리는 다 이해해."라고 대답했습니다. 샛별이를 이해해주다니…. 그 모습에 울컥했습니다.

나는 샛별이 엄마에게 전화를 걸었습니다. 오늘 있었던 일에 대해 말씀드리고 많이 속상하시겠지만 다친 친구들의 부모님께 전화하셔야 할 것 같다고 말씀드렸습니다. 샛별이 엄마는 많이 미안해하셨고 그렇게 하신다고 했습니다.

슬픈 마음 정리하는 곳

그 일이 있고 며칠 후 아침에 출근했는데 우리 반 아이들이 주차장에서부터 나를 기다리고 있었습니다. 차에서 내리는 나를 발견한 아이들이 나에게 폴짝폴짝 뛰어오더니 빨리 교실에 가야 한다고 했습니다. 나는 무슨 일이 있냐고 물으며 아이들과 함께 교실로 뛰어갔습니다.

교실에 들어서니 귀여운 인디언 텐트가 교실 구석에 설치되어 있었습니다. 나는 아이들에게 이게 뭐냐고 물었습니다. 우리 반 회장인 정현이가 자기네 아파트 나눔 하는 곳에서 인디언 텐트를 사온 것이라고 합니다. 정현이는 내 말을 기억하고 있었던 것입니다. 정말 마음이 따뜻한 아이였습니다. 그리고 정현이는 우리 반 아이들 몇몇에게 전화해서 텐트 안을 꾸밀 귀여운 쿠션이 있으면 가지고 오라고 했다고 합니다. 그래서 몇몇 아이들이 집에 있는 귀여운 쿠션과 매트를 가지고 와서 꾸며주었습니다. 인디언 텐트에는 이름도 붙어 있었습니다. '슬픈 마음 정리하는 곳'이라고요. 우리 반 여학생들이 붙인 이름이었습니다.

나는 감동을 받아 한동안 말을 할 수 없었습니다. 아이들이 나의 표정을 살폈습니다. 나는 눈물이 났습니다. 나는 아이들을 한 명 한 명 안아주었습니다. 그리고 너무나 고맙다고 말했습니다. 아이들이 나의 눈물을 닦아 주었습니다. 내가 시킨 것도 아닌데 이런 일을 아이들끼리 해내다니…. 이렇게 따뜻한 아이들이 세상에 또 어디 있을까 싶었습니다. 우리 반 아이들의 이날 모습은 내 마음에 콕 박혀서 1년 내내 나를 행복하게 했습니다.

그날따라 샛별이가 등교할 시간이 지났는데도 교실에 도착하지 않았습니다. 아이들은 샛별이에게 빨리 인디언 텐트를 보여주고 싶어했습니다. 나에게 샛별이가 왜 안 오는지 전화를 해보라며 재촉했습니다. 샛별이는 항상 정확한 시간에 등교하는 아이인데 늦게 오는 것이 이상했습니다. 전화하기 전에 샛별이가 오는지 확인해 보려고 문을 열고 복도를 내다봤습니다. 샛별이가 엄마와 함께 복도 저 끝에서 걸어오는 것이 보였습니다. 샛별이가 나를 발견하더니 반갑게 뛰어왔습니다. 엄마의 두 손엔 쇼핑백이 들려 있었습니다.

샛별이 엄마가 나에게 쇼핑백을 건네며 아이들 주려고 수제 쿠키를 만드셨다고 하셨습니다. 쇼핑백을 열어보니 귀여운 곰돌이 쿠키와 하트 쿠키가 한 세트씩 정성스럽게 포장되어 있었습니다. 이렇게 예쁜 수제 쿠키는 처음 보았습니다. 하트 쿠키에는 "미안해, 고마워, 샛별이가."라고 써 있었습니다. 샛별이 엄마는 쿠키를 건네고 바로 가셨습니다.

나는 아이들에게 오늘은 정말 기쁜 날이라고 하면서 샛별이

 모든 교실은 신경다양성 교실이다

가 친구들에게 직접 쿠키를 나누어주게 하였습니다. 아이들은 쿠키가 너무 예뻐서 도저히 먹을 수 없다고 했습니다. 하트 쿠키에 쓰여진 글을 보고 한 여학생이 샛별이에게 말했습니다. "뭐가 미안해, 괜찮아. 우리는 다 이해할 수 있어. 앞으로 힘들 땐 너의 공간에서 쉬어."라고요.

슬픈 마음 정리하는 곳이 생긴 이후로 샛별이는 감정을 추스르고 싶을 때는 그곳에서 한참을 머물다가 나왔습니다. 샛별이가 나오면 누구든 샛별이를 반갑게 맞아주었습니다. 샛별이는 스스로 감정을 조절할 수 있게 되었습니다. 따뜻한 친구들 덕분에 말입니다.

나는 샛별이 이야기를 내가 운영하는 네이버 카페 〈신경다양성 교실 연구회〉에 썼습니다. 그리고 얼마 후 연락을 받았습니다. 우리 반 이야기를 영화로 만들고 싶다는 제의를 받은 것입니다. 나는 우리 반 아이들에게 물었습니다. 영화 촬영 제의를 받았는데 출연할 수 있겠냐고요. 아이들은 함성을 지르며 좋아했습니다. 한 아이는 자신의 꿈이 영화배우였다면서 이번에 데뷔하는 것 아니냐고 호들갑을 떨었습니다. 나는 우리가 이 영화에 출연하기 위해서는 샛별이와 샛별이 부모님의 허락을 받아야 한다고 했습니다. 내가 샛별이에게 의견을 물으니 샛별이는 수줍게 고개를 끄덕였습니다. 아이들은 신이 나서 박수를 쳤습니다. 샛별이 부모님께도 말씀드렸더니 너무 좋은 기회라고 하면서 기쁘게 허락해 주셨습니다. 아이들은 샛별이 덕분에 우리 반에 행운이 생겼다며 좋아했습니다.

우리가 출연하게 된 영화는 세이브더칠드런에서 제작하는 아동 인권 영화였습니다. 감독은 김성호 감독님이었습니다. 〈개를 훔치는 완벽한 방법〉이라는 영화를 만들었고, 주로 아동 영화를 만드셨습니다. 이번에 제작하는 영화는 〈이세계소년〉이라는 영화입니다. 이세계의 '이'는 '다를 이(異)'자로 다른 세계에 사는 소년이라는 의미입니다. 이 영화의 주인공은 자폐스펙트럼이 있는 소년입니다. 영화는 배우들로 촬영을 하였는데, 우리 반 아이들의 이야기는 다큐로 만들어 영화와 함께 방영할 예정이라고 했습니다. 감독님은 우리 반 아이들이 수업하는 모습과 인터뷰하는 모습을 촬영해 주셨습니다. 아이들을 모둠별로 불러서 인터뷰했기 때문에 나는 다큐를 보기 전까지 아이들의 인터뷰 내용을 알 수 없었습니다. 나는 다큐를 보고 한참을 울었습니다. 아이들이 샛별이 덕분에 우리 반이 더 좋은 반이 되었다고 말했습니다. 샛별이는 장점이 아주 많은 아이니까 어른들도 샛별이를 더 사랑해주면 좋겠다고 하였습니다. 이런 예쁜 말을 했다니…. 나는 이 아이들과 샛별이 덕분에 그해에 정말 행복한 신경다양성 교실을 만들 수 있었습니다. 애들아, 고마워!

이세계소년

기쁨이 이야기

기쁨이와의 만남

기쁨이는 새침데기 3학년 여학생입니다. 매일 예쁜 핑크 옷을 입고 핑크 가방을 메고 쫑쫑 땋은 머리로 등교합니다. 교실에 들어오면 가방 놓는 자리에 자신의 가방을 각을 맞춰 넣어둡니다. 조금이라도 삐뚤어져 있으면 다시 가서 자신이 원하는 각이 나오도록 가방을 바로잡습니다. 그리고 나선 나와 눈도 마주치지도 인사도 하지 않고 새초롬하게 자기 자리에 가 앉아 있습니다. 내가 기쁨이에게 다가가서 "선생님한테 인사해야지"라고 말하면 잠시 쳐다보면서 "안녕하세요?"라고 말하고 바로 나를 외

　모든 교실은 신경다양성 교실이다

면합니다. 나는 그 모습이 너무 귀여웠습니다. 기쁨이는 자폐스
펙트럼장애가 있는 아이입니다.

　기쁨이는 말을 잘합니다. 어휘의 수준도 꽤 높습니다. 기쁨
이가 쓰는 어휘에 놀랄 때도 있습니다. 가끔 나에게 다가와 "왜
사람은 포유류예요? 조류와는 어떤 차이가 있죠?"라고 뜬금없이
물어보기도 합니다. 갑자기 생각이 난 것 같았습니다. 기쁨이는
이렇게 말은 잘하지만 대화가 원활하지는 못합니다. 자기가 하
고 싶은 말만 하는 경향이 있었습니다.

　기쁨이는 혼자만의 세계에 자주 빠져있었습니다. 특히 아침
에 등교하면 한참 동안 교실 바닥에 누워있기도 하고 의자에 눕
기도 합니다. 나는 그 모습을 보고 아이들에게 "기쁨이가 지금
로딩 중인가 보다."라고 말합니다. 그러면 아이들은 기쁨이에게
신경 쓰지 않고 아침 활동을 합니다. 한참을 누워있던 기쁨이는
갑자기 일어나서 친구들이 뭘 하는지 살펴본 다음 아침 활동을
시작합니다. 기쁨이는 자기 세계에서 빠져나오고 나면 스스로
할 수 있는 일이 많았습니다.

　기쁨이는 글씨를 또박또박 잘 씁니다. 손에 힘을 꾹꾹 주어
한 자 한 자 써 내려갑니다. 글은 느리게 읽지만 잘 읽을 수 있습
니다. 수업 중에 주어진 과제도 보조 선생님이나 또래 친구의 도
움을 받아 끝까지 다 해냅니다. 가끔 과제가 어려우면 울기도 합

니다. 그러면 나는 다 못해도 된다고 말하는데 자기는 다 해야 한다면서 또 웁니다. 기쁨이는 무엇보다 그림을 아주 잘 그립니다. 특히 자기가 좋아하는 만화 캐릭터를 잘 그립니다. 색칠도 꼼꼼하게 잘합니다. 미술 시간에는 2시간 동안 거의 꼼짝 않고 그림 그리기에 푹 빠집니다. 기쁨이는 성실함이 돋보이는 아이이고, 그림 그리기에 재능 있는 아이였습니다. 자신의 세계를 그림으로 표현한다면 멋진 예술가로 성장할 수 있을 것 같습니다.

기쁨이는 친구들에 대한 관심이 별로 없습니다. 짝꿍에 대해서도 또래 여자 친구들에 대해서도 별 관심이 없습니다. 그런데, 간혹 치마를 입고 오는 친구에게 관심을 보였습니다. 갑자기 그 친구에게 다가가 "너는 왜 치마 입었어?"라고 묻습니다. 기쁨이는 치마 입는 것을 좋아하는 아이였습니다. 여자들은 다 치마를 입어야 한다고 말할 때가 종종 있습니다. 그런데 왜 자기만 치마를 입고 있고 다른 친구들은 안 입는지 이상하다고 생각하고 있었던 것 같습니다. 나를 보고도 왜 치마를 안 입냐고 묻습니다. 나는 바지가 더 편하다고 말했습니다. 4차원의 독특한 매력을 지닌 우리 기쁨이와의 신경다양성 교실이 무척 기대되었습니다.

미덕 수업

기쁨이는 3월 한 달간 새 학급에 적응을 하느라 참 힘들었습니다. 2월 말에 기쁨이와 기쁨이 엄마를 우리 교실에서 미리 만나고 함께하는 시간도 가졌지만 기쁨이는 많이 긴장되고 불안했었던 것 같습니다. 수업시간에 갑자기 크게 울기도 하고 소리를 지르기도 했습니다. 그러고도 마음이 진정이 안 되면 옆에 있는 아이를 때리고 꼬집기도 했습니다. 아이들도 나도 놀랐습니다. 기쁨이는 말을 잘 할 수 있는 아이지만 자신의 불편한 감정을 말로 표현하는 것은 여전히 힘든 것 같았습니다.

기쁨이와 어떻게 한 해를 지내야 하나 매일 고민하며 기쁨이를 관찰했습니다. 기쁨이는 자기 뜻대로 되지 않거나 조금 어려운 과제가 주어지면 소리를 지르면서 웁니다. 그리고 곧 이렇게 말합니다. "나는 악마인가요? 나는 왜 못하나요? 다른 친구들은 다 잘하는데 왜 나만 못하나요? 우리 엄마가 괴물을 낳았나요? 내 손은 똥손인가요? 왜 이게 잘 안되나요? 나는 왜 자꾸 눈물이 나요? 내가 못생겼나요? 나는 내가 너무 싫어요."

어린 꼬마가 왜 이렇게 자신을 비난하는 표현을 하는지 마음이 아팠습니다. 기쁨이가 그런 말을 할 때마다 우리 반 아이들도 놀란 눈으로 기쁨이를 쳐다보았습니다. 자신을 한없이 못났다고 말하는 기쁨이를 위해 올해도 미덕 수업을 잘 해야겠다고 결심했습니다. 나는 매해 우리 반 아이들과 미덕 수업을 해왔습니다. 김영심 수석 선생님이 만드신 '고마워 카드'를 활용해 하고 있습니다.

미덕 수업의 첫 단계는 대표 미덕에 대해 하나씩 배우는 것입니다. 그리고 미덕이 쓰여진 카드를 활용하여 재미있는 놀이도 하고 미덕 일기, 미덕 편지도 쓰면서 다양한 미덕에 대해 익숙해지도록 합니다. 그런 후에 생활 속에서 친구들의 미덕을 발견하는 활동을 꾸준히 하면 평상시 아이들이 사용하는 단어가 달라지는 것을 느낍니다. 미덕 단어를 사용하여 발표도 하고 친구를 칭찬하기도 합니다. 아이들의 마음에 반짝이는 미덕 보석들이 하나씩 나타날 때마다 나는 큰 감동을 받습니다. 나는 미덕 수업을 1년 동안 차근차근 해 나가면서 슬픔이 가득한 기쁨이의 마음에 기쁨과 행복을 가득 차게 해야겠다고 다짐하였습니다.

나는 첫 미덕 수업으로 물이 담긴 컵에 잉크를 떨어뜨리는 실험을 했습니다. 이 실험은 《버츄 프로젝트》 책에도 소개된 실험입니다. 빈 수조 안에 물이 담긴 컵을 넣습니다. 그리고 그 물에 파란색 잉크를 한 방울씩 떨어뜨리며 이런 말을 합니다. "이 잉크는 우리가 하는 나쁜 말들이야. 예를 들어, 나는 못해, 나는 할 줄 아는 게 없어, 나는 왜 이럴까?, 다 재미없어, 친구들이 나만 싫어하나 봐, 우리 엄마 아빠도 나를 미워하는 것 같아." 등 자기도 모르게 했던 나쁜 말들이 이 잉크라고 이야기해 줍니다. 잉크 다섯 방울을 넣으니 물이 파랗게 변했습니다. 그러고 나서 아이들에게 말합니다. 우리의 마음은 이 물과 같아서 맑은 것이 원래의 모습인데 이렇게 파래졌으니 어떡하냐고 물었습니다. 아이들은 쏟아버리라고 합니다. 나는 물을 쏟아버리는 것은 죽는 것이나 마찬가지라고 했습니다. 사람이 마음을 없애 버릴 수는 없다고 했습니다. 아이들은 그럼 어떻게 하냐고 긴장하면서 묻습니다.

나는 파랗게 변한 물컵에 맑은 물을 계속 부었습니다. 여러 차례 맑은 물을 붓자 컵 안의 파란 물이 점점 옅어지더니 다시 맑아졌습니다. 아이들은 작은 탄성을 냈습니다. "와~ 진짜 맑아졌다!" 기쁨이도 이 실험을 아주 진지하게 뚫어지게 보았습니다. 나는 아이들에게 이 맑은 물이 우리가 자신에게 또는 타인에게 하는 좋은 말이라고 말해주었습니다. 좋은 말을 계속하면 파랗게 변한 나의 마음도 다시 맑아질 수 있다고… 아이들은 이제부터 좋은 말만 할 거라며 신나게 외쳤습니다.

나는 기쁨이에게 다가가 자신에게 나쁜 말을 자꾸 하면 어떻게 될 것 같냐고 물었습니다. 기쁨이는 마음이 파래질 거라고 말했습니다. 나는 파랗게 되어버린 마음은 아픈 마음이라고 했습니다. 마음이 아프면 몸도 아프고 힘들어진다고 했습니다. 선생님도 예전에 나 자신에게 나쁜 말, 슬픈 말을 많이 했던 적이 있었다고 했습니다. 몸도 마음도 병이 나버렸다고 했습니다. 그래서 몸과 마음을 회복시키기 위해 나는 일부러 좋은 말을 나 자신에게도, 제자들에게도 끊임없이 해주었다고 했습니다. 그렇게 했더니 나도, 우리 반 어린이들도 모두 행복해졌다고 했습니다. 기쁨이는 이제부터 좋은 말을 많이 해서 파란 마음이 안 되게 할 거라며 나에게 손가락을 내밀며 약속하자고 했습니다.

우리 반 아이들은 기쁨이가 좋은 말을 할 수 있도록, 그리고 자신에게도 좋은 말을 들려줄 수 있도록 서로에게 좋은 말을 많이 할 거라고 말합니다. 미덕 수업 첫 실험은 대성공이었습니다. 아이들에게 울림을 주었던 맑은 물 실험으로 우리 반 아이들은 지금까지 서로에게 좋은 말을 하려고 열심히 애를 쓴답니다. 너무 귀엽지요? 나는 우리 반 아이들과 미덕 수업을 적용한 사회정서교육을 꾸준히 해나갈 예정입니다. 신경다양성 교실에서의 미덕 수업으로 우리 반 아이들은 과연 어떤 모습으로 성장할지 기대되었습니다.

음악 시간에 〈비타민〉이라는 노래를 가르쳐주었습니다. 가수 박학기님과 딸이 함께 부른 이 노래는 참 예쁜 노랫말로 언제 들어도 행복해집니다. 우리 반에는 이 노래를 처음 들어보는 아

     모든 교실은 신경다양성 교실이다

이들이 많았습니다. 음악 시간에 딴청을 하던 기쁨이도 이 노래가 마음에 들었는지 따라 부르기 시작했습니다. 그러더니 갑자기 큰 소리로 울어버렸습니다. 눈물을 뚝뚝 흘리며 울길래 우리는 수업을 멈추고 기쁨이에게 왜 우냐고 물었습니다. 그랬더니 기쁨이가 이렇게 말했습니다. "노래가 너무 감동적이에요. 감동적이어도 눈물이 나는 것이었군요."라고요. 우리 반 아이들과 나는 한바탕 웃었습니다. 기쁨이가 신경다양성 교실에서 여러 감정들을 느끼고 배워나가길 바랍니다.

기쁨이의 힙한 헤드셋

기쁨이는 아이들의 목소리가 조금이라도 커지면 벌떡 일어나서 친구를 때리기도 합니다. 그리고 귀를 막으며 괴로워합니다. 기쁨이가 큰 소리에 매우 민감한 아이라는 것을 알게 되었습니다. 어느 날 기쁨이가 이렇게 말하였습니다.

"선생님! 저는 제 심장 소리가 자꾸 들려요. 그래서 정말 힘들어요." 그러면서 자꾸만 가슴에 손을 대고 한숨을 쉬었습니다. 나는 기쁨이가 너무 가엾고 안타까웠습니다. 얼마나 힘들까 싶었습니다. 잠이 오지 않는 밤 시계 소리가 크게 들려서 신경이 쓰이

듯 기쁨이는 자신의 심장 소리가 그렇게까지 느껴지나 봅니다.

나는 아이들에게 기쁨이의 이야기를 전하고 기쁨이가 청각이 예민해서 힘들 때가 많은 것 같다고 했습니다. 기쁨이가 공격적인 행동을 보이는 것도 감각 과부하로 인해 감각이 극도로 민감해져서 고통스러운 나머지 그러는 것 같다고 했습니다. 우리가 기쁨이를 어떻게 도와주면 좋을지 함께 학급회의를 해보자고 제안했습니다. 아이들은 기쁨이가 청각이 예민하니까 소리를 작게 하자고 했습니다. 만약 우리가 어떤 활동을 하다가 너무 소란스러워져서 기쁨이가 귀를 막는 행동을 하는 것을 보면 누구든 "우리 소리 줄이자!"라고 말하자고 했습니다. 나는 기쁨이를 배려해 주는 아이들에게 너무 고맙다고 했습니다.

나는 심장 소리가 들린다는 기쁨이에게 헤드폰을 써보면 어떻겠냐고 물었습니다. 기쁨이는 그렇게 하고 싶다고 했습니다. 그래서 나는 일단 학교 컴퓨터실에서 쓰는 가벼운 헤드폰을 주었습니다. 신기하게도 기쁨이는 헤드폰을 끼자마자 금세 편안해했습니다. 그리고 곧 미술 활동에 집중하였습니다. 나는 기쁨이 엄마에게 전화해서 기쁨이 헤드폰을 보내 달라고 했습니다. 큰 소리가 힘들 때 쓰고 있도록 하겠다고 했습니다.

다음날 기쁨이는 예쁜 헤드폰을 가지고 왔습니다. 기쁨이는 학교에 오자마자 헤드폰을 썼습니다. 우리는 헤드폰을 쓴 기쁨

　모든 교실은 신경다양성 교실이다

이가 너무 예쁘고 잘 어울린다고 칭찬해 주었습니다. 기쁨이는 "내가 예쁜가?"라고 새침하게 말하면서 씩 웃었습니다. 우리는 기쁨이의 말에 모두 웃었습니다. 아직 교실은 소란스럽지 않았습니다. 그래서 나는 기쁨이에게 아직 교실이 소란스럽지 않으니까 이따가 힘들면 그때 쓰라고 했습니다. 기쁨이는 알겠다며 헤드폰을 가방에 넣었습니다.

오후 시간이 되고 아이들과 수업을 하던 중 몇몇 개구쟁이 아이들이 저요! 저요! 하면서 손을 들고 발표를 시작했습니다. 그 소리에 기쁨이가 깜짝 놀라서 또 귀를 막기 시작했습니다. 우리 반 아이 중 한 명이 그 모습을 보더니 "우리 모두 소리를 줄이자!"라고 말하는 것이었습니다. 그리고 한 아이가 기쁨이의 가방에서 헤드폰을 얼른 꺼내와서 기쁨이의 머리에 씌워 주었습니다. 그랬더니 기쁨이는 이내 편안한 표정을 지어 보였습니다. 이 모습을 본 우리 반 아이들은 기쁨이를 칭찬해 주었습니다. 소리 지르지 않고 때리지도 않고, 헤드폰으로 자신의 감각 과부하를 조절하려고 한 것에 대해서요. 기쁨이가 헤드폰을 쓴 모습이 너무 예쁘다며 칭찬을 아끼지 않았습니다. 기쁨이는 힙한 헤드폰을 한 귀여운 공주님이 되었습니다. 기쁨이를 위해 소음을 줄이고 헤드폰까지 가져다준 아이들과 헤드폰을 기꺼이 쓴 기쁨이 모두가 너무 훌륭한 신경다양성 교실 아이들이었습니다.

기쁨이의 사회성 스위치

1학기 말이 되니 기쁨이의 사회성 스위치가 자주 켜지는 것이 느껴집니다. 신기하게도 로딩이 빨리 되는 것 같았습니다. 자기만의 세계에 빠져있던 아이가 갑자기 스위치가 켜진 듯 "나도 할거야."라면서 활동에 자발적으로 참여하는 시간이 부쩍 많아졌습니다. 기쁨이의 사회성 스위치가 자주 켜지게 된 이유는 신경다양성 교실에서 기쁨이의 작은 성취 경험들이 쌓였기 때문인 것 같았습니다.

봄학기 동안 수공예 수업을 하였습니다. 외부 강사님이 오셔서 수업을 해주셨는데, 대바늘 뜨개질로 작품을 만드는 수업이었습니다. 외부 강사님이 수업을 주도하셔서 나는 기쁨이의 보조교사 역할을 했습니다. 대바늘 뜨개질을 3학년 과정에서 배우기는 쉽지 않습니다. 손이 여문 몇몇 아이들은 금방 따라갈 수 있지만 대부분의 아이들은 어려워했습니다. 과연 기쁨이가 뜨개질을 할 수 있을지 걱정이 되었습니다. 기쁨이는 조금 어려운 과제가 주어지면 감정조절이 안 될 때가 많거든요.

그래도 기쁨이가 그림을 그리는 모습을 보면 소근육 발달이 또래와 비슷해 보였습니다. 나는 기쁨이도 할 수 있을 것 같다는 생각이 들었습니다. 드디어 본격적으로 대바늘 뜨기를 하는 시간이 되었습니다. 나는 기쁨이 옆에서 기쁨이의 손을 잡고 뜨개질 시범을 보였습니다. 내가 기쁨이의 바늘을 잡으면 기쁨이는 화를 냅니다. '내가 혼자 할 건데 왜 선생님이 도와주냐'고 하면서 말입니다. 나는 알았다고 말하고 기쁨이 혼자 하라고 했습니다. 그럼 기쁨이가 혼자 하다가 잘 안 된다며 소리를 지릅니다. "선생님이 도와줄까?"라고 말하면 기쁨이가 끄덕입니다. 나는 또 기쁨이의 손을 잡고 뜨개질 시범을 보였습니다. 줄을 감고 바늘을 밑으로 빼고…. 그러면 기쁨이가 또 나에게 소리를 지릅니다. '내가 혼자 할 건데 왜 선생님이 도와주느냐'고요.

뜨개질 시간마다 나는 기쁨이의 구박을 받아야 했습니다. 구박을 받으며 기쁨이를 도와주었더니 드디어 기쁨이가 한 코를 떴습니다. 한 코를 뜨게 된 기쁨이는 자신감이 생겼습니다. 두 코, 세 코를 뜨더니 어느새 한 줄을 떴습니다. 기쁨이와 나는 손뼉을 치면서 좋아했습니다. 기쁨이는 뜨개질을 촘촘하고 고르게 아주 잘했습니다. 처음 배우는 게 어려웠지 그다음부터는 실력이 쑥쑥 늘었습니다. 그렇게 기쁨이도 뜨개질 작품을 완성할 수 있었습니다. 기쁨이가 나에게 이렇게 말합니다. "저 잘하지요?" "그럼 너무 잘하지. 선생님을 자꾸만 구박해서 그렇지. 기쁨이는 정말 잘하는 아이야."라고 대답했습니다. "내가 구박한 건 미안해요. 너무 어려워서 그랬어요." 나는 웃으며 괜찮다고 했습니다. 기쁨이는 자신의 작품을 집으로 가져가서 엄마에게 자랑할 것이라고 말했습니다.

　나는 학기 초 체육 시간에 기쁨이를 참여시키려고 열심히 아이들 안으로 밀어 넣어보기도 하고 끌어들여 보기도 하였습니다. 하지만 기쁨이는 자기 자리에서 꿈쩍도 하지 않았습니다. 혼자만의 생각에 빠져서 히죽히죽 웃기만 했습니다. 내 손을 놓고 마음대로 뛰어다니기만 했습니다. 내가 겨우 데리고 오면 40분 수업 중 10분 정도만 참여하였습니다. 그런데 1학기가 끝나갈 무렵부터는 나의 촉진이 없어도 기쁨이가 친구들이 뛰면 자기도 뛰고 친구들이 공을 잡으면 자기도 잡으려고 하기 시작했습니다. 참여시간이 30분 가까이 늘어났습니다.

　기쁨이가 체육 시간에 흥미를 가지게 된 것은 우리 반 아이들 덕분이었습니다. 나는 1주일에 한 번 스포츠 강사님과 체육 협력수업을 합니다. 스포츠 강사님은 재미있는 뉴스포츠 게임을 알려주십니다. 아이들은 이 시간을 정말 좋아합니다. 게다가 우리 반 아이들은 여학생과 남학생 모두 운동능력이 아주 좋았습니다. 체육 시간에는 모두가 열정적으로 참여했습니다. 하지만 기쁨이는 늘 딴청을 부렸습니다. 스포츠 강사님이 수업을 주도하기 때문에 나는 기쁨이의 보조교사 역할을 할 수 있었습니다. 나는 기쁨이의 손을 잡고 달리기도 했고, 기쁨이 차례가 되면 기쁨이도 움직이게 하려고 애를 썼습니다. 그런데 기쁨이의 사회성 스위치가 켜지지 않으면 내가 아무리 애를 써도 기쁨이는 참여하지 않았습니다.

그런데 킥런볼이라는 뉴스포츠 게임 수업을 하면서 기쁨이의 사회성 스위치가 켜졌습니다. 킥런볼은 발야구를 변형한 게임입니다. 게임의 기본 동작을 익히는 단계에서 영 관심이 없던 기쁨이가 게임이 시작되자 눈을 반짝이기 시작합니다. "나도 할거야!"라고 하면서요. 기쁨이는 경쟁에 대한 강박이 있습니다. 뭔가 경쟁을 하는 분위기가 느껴지면 곧 흥분을 하면서 "나 잘해야 하는데!"라며 긴장합니다. 경쟁 강박이 과해지면 탠트럼을 일으키기도 하지만 적절하면 기쁨이의 사회성 스위치가 켜지는 절호의 순간이 되기도 합니다.

게임을 시작하자 기쁨이는 아이들 틈으로 뛰어 들어갑니다. 하지만 기쁨이가 게임의 규칙을 완전히 이해하기는 어려웠습니다. 기쁨이는 어느 팀에도 속하지 않으려 하고 자기가 하고 싶은 대로 공격이든 수비든 하려고 했습니다. 제멋대로인 기쁨이를 이 게임에 어떻게 참여시켜야 할지 나도 아이들도 난처했습니다.

이 문제를 나 혼자 해결할 수는 없지요. 나는 이 상황이 오히려 기회일 수 있겠다 싶었습니다. 나는 우리 반 아이들과 학급회의를 열어서 이 문제를 어떻게 해결하면 좋을지 의견을 물어보았습니다. 양 팀 모두에게 공평한 경기가 되어야 하고, 기쁨이도 즐겁게 참여할 수 있는 경기가 될 수 있도록 우리가 게임규칙을 변형해 보자고 제안하였습니다. 두 가지 문제를 아이들이 어떻게 해결하였을까요?

역시 아이들의 아이디어는 반짝였습니다. 기쁨이가 한 쪽 팀에만 속할 경우 기쁨이가 속한 팀의 아이들은 아쉬워했습니다. 물론 우리 반 아이들은 기쁨이를 정말 아끼고 소중하게 생각하는 착한 아이들입니다. 그럼에도 경기는 경기이기에 이기고 싶은 마음이 드는 건 당연합니다. 아이들은 기쁨이가 오락가락 참여하니 어느 팀에만 한정시키지 말고 양쪽 팀 모두에서 공격권과 수비권을 주면 좋겠다는 의견을 냈습니다. 그리고 기쁨이가 공격권을 가졌을 때는 점수에 반영하지 말고 오로지 기쁨이가 끝까지 할 수 있도록 응원하자고 했습니다. 나는 아주 좋은 생각이라고 아이들을 칭찬해 주었습니다.

드디어 스포츠 시간이 되었습니다. 나는 스포츠 강사님께 변형된 경기 규칙에 대해 말씀드렸습니다. 스포츠 강사님은 기쁨이에게 '히든 플레이어'라는 권한을 주면 좋겠다고 했습니다. 히든 플레이이어의 역할은 우리 반 아이들이 말한 그대로 양쪽 팀 모두에서 공격과 수비를 할 수 있는 것입니다. 그리고 아이들은 히든 플레이어를 열심히 응원해주는 것입니다. 게임이 시작되면 기쁨이는 언제나 친구들의 응원을 받을 수 있었습니다. 기쁨이는 탠트럼을 일으키지도 않고 땀을 뻘뻘 흘리며 체육 시간에 온전히 참여할 수 있었습니다.

어느날 기쁨이가 우리 반 친구 승민이에게 자발적으로 관심을 보여주어 놀라게 한 적이 있습니다. 우리 반 남학생들이 닭싸움을 하고 있었습니다. 닭싸움을 하던 승민이가 친구와 부딪쳐 우는 일이 벌어졌습니다. 기쁨이는 승민이의 우는 소리에 자기만의 세계에서 갑자기 빠져나와 사회성 스위치를 켠 듯 승민이에게 다가가 왜 우냐고 말을 걸었습니다. "나랑 같이 보건실 가자."라는 말도 했습니다. 기쁨이가 친구에게 이렇게 먼저 다가가 위로하는 모습은 처음 보았습니다.

승민이는 말입니다. 우리 반에서 기쁨이를 가장 잘 챙기는 아이였습니다. 특수반에 갈 때나 이동수업을 할 때 항상 동행해 주고, 기쁨이의 실내화도 챙겨서 문 앞에 놓아주기도 하고, 기쁨이의 준비물도 살뜰히 챙기는 아이였습니다. 그렇게 승민이가 기쁨이를 열심히 챙겼지만 기쁨이는 승민이에게 관심이 없어 보였습니다. 그런데 승민이가 우니까 기쁨이가 같이 슬퍼하지 뭡니까? 손을 잡아주고 보건실도 같이 다녀왔습니다. 승민이는 기쁨이가 처음으로 자기에게 관심을 보였다며 기뻐하였습니다. 다친 것도 어느새 다 잊어버렸습니다. 보건실에 다녀온 기쁨이가 무언가를 결심한 듯 폭탄선언을 하고 맙니다. "나는 승민이와 결혼할 거야!"

　어느 날 기쁨이가 점심을 먹고 보조 선생님과 함께 교실로 돌아오는 길이었습니다. 기쁨이가 보조 선생님에게 뜬금없이 "김명희 선생님은 나를 정말 사랑해."라는 말을 했다고 합니다. 보조 선생님은 나를 보자마자 신이 나서 이 말을 전해주셨습니다. 와~ 우리 기쁨이가 이렇게 다른 사람에게 관심이 생기고 있었다니…. 타인의 마음에 공감도 하고, 함께하는 즐거움도 느끼기 시작하는 기쁨이를 보며 가슴이 벅차올랐습니다. 기쁨이가 해낸 작은 성취에 대해 우리는 지속적인 칭찬과 응원을 하였습니다. 그것에 기쁨이가 천천히 반응하며 사회성 스위치를 켜고 있었던 것입니다. 앞으로도 기쁨이에게 어떤 변화가 찾아올지 무척 기대됩니다.

자폐스펙트럼장애가 있는 아이들과 함께하는 신경다양성 교실

나는 《신경다양성 교실》에서 자폐스펙트럼 장애 학생을 위한 신경다양성 교실 환경을 만들기 위해 중요한 사항들을 이야기했습니다. 핵심은 자폐성 장애 학생의 강점과 선호를 교육적으로 활용하는 강점기반 교수전략이었습니다. 체계자적 기질과 조직성을 선호하는 특성을 고려해 학습을 구조화해 수업참여 촉진하기, 시각적 정보처리에 강점을 보이는 학생들을 위해 시각적 활동 자료와 일과표를 제공하기, 기계와의 상호작용에 능숙한 아이들을 위해 보조공학도구 활용하기 등이 그것입니다. 더불어 자폐성 장애 학생들이 감각 과부하를 조절할 수 있도록 진정공간을 마련하는 것도 필요하다고 강조하였습니다.

나는 그 후 몇 년 간 자폐스펙트럼 아이들과 함께하면서 보다 바탕이 되는 접근이 필요하다는 결론을 얻었습니다. 희망이, 샛별이, 기쁨이와 함께한 신경다양성 교실의 경험을 통해 이야기했듯이 자폐스펙트럼장애 학생과 함께하는 교실에서는 '있는 그대로 바라보기' '제한된 관심사의 교육적 활용' '포용적인 교실'이 밑바탕에 깔려야 한다는 것을 깨닫게 되었습니다.

있는 그대로 바라보기

지금까지 이야기한 나의 사랑스러운 제자 희망이, 샛별이, 기쁨이, 이렇게 세 명의 아이들은 모두 자폐스펙트럼장애가 있는 아이들이지만 각자의 개성이 아주 뚜렷합니다. 자폐라고 하면 미디어가 주로 만들어 낸 흔한 고정관념과 양태가 있지만, 아이들마다 특성도 강점도 힘든 점도 다 다릅니다. 자폐라는 특성도, 아이들마다의 특성도 고정관념과 무척 다르다는 것입니다. 자폐뿐 아니라 다른 신경다양성 아이들도 마찬가지입니다. 정말 아이들은 모양과 색깔도 제각각인 입체퍼즐과 같습니다.

나는 이 아이들을 내가 정한 기준에 맞추려고 하지 않았습니다. 나의 기준을 내려놓는 일은 쉽지 않았지만, 있는 그대로 바

라보려고 노력했습니다. 이 아이들의 신경다양성은 개선의 대상
이 아니라 존중의 대상입니다. 신경다양성 관점에서의 교육은
(편견, 부정적 시선을 내려놓고) '있는 그대로 바라보기'라고 생각합
니다. (설령 어린아이라 하더라도) 상대를 존중하는 이러한 관점의
전환이 그 출발입니다.

자폐스펙트럼장애가 있는 아이들을 평균치의 아이들이 보
이는 학업능력과 사회적 능력에 맞추려고 하면 모두가 힘든 삶
을 살게 될 것입니다. 타고난 성향과 특성은 쉽게 변하지 않으니
말입니다. 내가 이 아이들의 행동을 개선해 보겠다는 집착을 그
만두었을 때 오히려 아이들이 성장하는 모습을 볼 수 있었습니
다. 다만, 아이와 제대로 관계를 맺고, 학습을 촉진하려면 관찰을
통해 아이의 성향, 패턴, 특성, 감각, 문제 상황과 맥락 등을 이해
하는 것이 매우 중요하고 우선되어야 합니다.

희망이는 예민한 감각을 가지고 있었습니다. 나는 희망이
가 힘들어하는 감각을 고치려고 하지 않았습니다. 밥을 먹는 것
이 중요하니까 편식을 해도 괜찮다고 여겼습니다. 샛별이는 요
동치는 감정으로 힘들어했습니다. 샛별이가 힘들 때면 혼자 있
게 내버려 두었습니다. 기쁨이는 혼자만의 세계에 자주 빠져듭
니다. 나는 기쁨이 스스로가 그 세계에서 빠져나올 때까지 기다
렸습니다. 있는 그대로 바라보자 아이들은 조금씩 성장할 수 있

었습니다.

앞에서도 언급했던 일본의 정신과 의사 혼다 히데오 박사님은《자폐 스펙트럼》과《ADHD, 자폐아이를 성장시키는 말걸기》라는 책 등을 썼습니다. 이 책들에서 혼다 히데오 박사님은 자폐스펙트럼장애가 있는 아이들은 '낮은 눈높이 교육'을 해야 한다고 주장합니다. 나는 그 주장에 무척 공감합니다. 혼다 히데오 박사님에 따르면 자폐스펙트럼장애 아동을 키울 때 두 가지의 사고방식이 있다고 합니다.

"하나는 조금이라도 표준적인 발달에 가까워지게 하고 싶고 발달을 향상시키고 싶다는 이른바 '높은 눈높이' 사고방식입니다. 이와 반대로 완전히 보통 수준이 될 수는 없으나 할 수 있는 분야를 잘 키워주고 할 수 없는 것은 무리해서 시키지 않는다는 보완적 접근법이 있습니다. 이것이 '낮은 눈높이' 사고방식입니다."

• 출처: 혼다 히데오,《자폐 스펙트럼》.

나는 낮은 눈높이 교육이 바로 신경다양성 관점에서의 교육이라고 생각합니다. 낮은 눈높이 교육이라고 해서 아이에 대한 모든 기대를 놓아버리라는 것이 아닙니다. 세상의 기준에 아이를 맞추려는 시도를 놓아버리고 있는 그대로 아이가 행복하게

  모든 교실은 신경다양성 교실이다

잘 자라도록 도와주라는 것입니다. 아이의 다름을 인정하면 타인과의 비교를 멈출 수 있습니다. '할 수 있는 분야를 잘 키우라'고 했는데, 이는 아이의 관심과 강점을 찾아 키우는 것의 중요성을 말한 것일 겁니다. 강점에 집중하면 자폐스펙트럼장애가 있는 아이도 행복한 아이로 성장할 수 있습니다.

보통 유아기나 초등 저학년 시기의 자폐스펙트럼장애 자녀의 부모님들은 비교지옥 속을 헤매고 있는 경우가 많습니다. 어떻게든 자신의 자녀가 또래의 평범한 아이들과 같은 행동을 하고, 비슷한 학습능력을 갖추길 원합니다. 높은 눈높이 교육을 하고 있는 것입니다. 결국 자녀를 수많은 치료실에 보내기도 하고 온갖 민간요법을 시도하기도 합니다. 그런데 혼다 히데오 박사님은 높은 눈높이 교육이 오히려 자녀의 2차 장애를 유발할 수 있다고 경고합니다. 2차 장애는 등교 거부, 왕따, 우울, 불안, 은둔, 패닉 등을 말합니다. 타인과 아이를 비교하면서 겪는 부모님 자신의 고통과 불행은 말할 것도 없고요.

자폐스펙트럼장애를 가진 사람들은 2차 장애에 취약하기 때문에 트라우마로 남게 되면 사회생활을 하는 데 큰 어려움을 겪게 된다고 합니다. 2차 장애 예방을 위해서는 자폐스펙트럼장애를 가진 사람들에게 강요하지 말아야 한다고 합니다. 그런 강제와 억압이 결국 2차 장애를 가지게 한다는 것입니다. 아이가 스스로 선택하고 활동하도록 돕는 데 집중하고, 긍정적인 환경을 만드는 것이 중요하다는 의미일 것입니다. 바꿀 수 없는 것을 바꾸려고 하는 어리석은 행동은 그만두어도 된다는 혼다 히데오 박사님의 메시지가 나의 마음을 한결 가볍고 편안하게 해주었습니다. 비교의 굴레에서 벗어나 편안한 마음으로 아이들을 바라볼 수 있으면 좋겠습니다.

제한된 관심사를 교육적으로 활용하기

자폐스펙트럼장애를 가진 아이들은 제한된 관심사를 가지고 있는 경우가 많습니다. 아이들이 이런 모습을 보일 때 대부분의 부모님들은 걱정하면서 아이가 집착적인 관심에서 벗어나기를 원합니다. 아이들의 이 제한된 관심사가 보통의 아이들이 발달 과정에서 보이는 관심사와는 다른 경우가 많기 때문에 사회적이지 못한 관심이나 흥미라고 여기는 것입니다. 하지만 나는 자폐스펙트럼장애를 가진 아이들의 제한된 관심사도 충분히 존중받아야 하고 공감받아야 한다고 생각합니다. 오히려 이 아이들의 관심사가 곧 강점이거나 그렇게 될 수 있다고 생각합니다. 그들의 강점을 교육적으로 활용한다면 이 아이들도 얼마든지 자신만의 재능을 꽃피울 수 있다고 생각합니다.

희망이는 색깔에 대한 집착을 보였습니다. 전에 본 적이 없는 새로운 색칠도구와 색깔을 보면 호기심을 나타냅니다. 그때가 희망이에게 사회적 상호작용을 가르칠 수 있는 좋은 순간이 됩니다. 친구의 색칠도구를 빌려달라고 요구하는 말을 할 수도 있고, 자신의 색칠도구를 친구들에게 자랑할 수 있는 기회가 되기도 했습니다.

샛별이는 시간에 대한 집착을 보였습니다. 샛별이 덕분에 나는 아이들의 출석확인을 놓치지 않고 할 수 있었고, 수업시간도 정확히 지킬 수 있었습니다. 샛별이는 나의 완벽한 비서 역할을 해주었습니다. 기쁨이는 일등에 집착합니다. 일등을 해야 한다는 강박에 힘들어하기도 하지만 그 순간이 기쁨이의 사회성 스위치를 켤 수 있는 시간이 되었습니다.

《독특한 아이의 세계》라는 책을 쓴 이현정 작가는 자폐스펙트럼이 있는 자녀의 독특한 관심을 교육적으로 잘 활용하였습니다. 작가의 자녀 현이는 어릴 때 문자에 강한 집착을 보였다고 합니다. 한글도 혼자서 깨치고 영어도 한자도 아주 어린 나이에 익힐 수 있었다고 합니다. 하지만 현이는 화용언어가 늦었습니다. 말을 하지 못했던 것입니다. 저자는 현이의 문자에 대한 집착이 자폐스펙트럼의 증상이라고 생각하고 화용언어의 발달을 늦

춘 원인이라고 여겼습니다. 조급해진 저자는 집에 있던 영어, 한자, 한글로 된 책까지 모두 치웠다고 합니다. 아이가 말을 하고 사회성을 기르는 것이 더 중요하다고 생각했던 것입니다.

현이는 화용언어를 늦게 시작했지만 언어적 강점이 있는 아이였습니다. 현이의 부족한 점을 끌어올리기 위해 애를 쓰느라 정작 현이의 강점에는 관심이 없었던 것입니다. 저자는 이 사실을 뒤늦게 깨닫고 지금은 현이가 관심을 보이는 것을 얼마든지 할 수 있도록 누구보다도 지지해준다고 합니다.

나와 함께 공부 모임을 하는 한 선생님은 자폐스펙트럼이 있는 자녀를 어엿한 대학생으로 잘 키워내신 분입니다. 선생님의 자녀 또한 관심사가 하나 생기면 무섭게 몰입하는 경향이 있다고 합니다. 관심사도 독특한 경우가 많았는데, 한때 햄버거에 빠져있을 때가 있었다고 합니다. 우리나라에 있는 이름난 햄버거 가게의 각종 햄버거를 모두 맛보았다고 합니다. 신제품이 출시되면 가장 빨리 맛을 보고 기존 햄버거와의 차이를 줄줄 말할 수 있었다고 합니다. 햄버거가 주식이 되니 살이 찌는 부작용이 생길 수밖에 없었습니다. 가족들은 자녀의 과도한 집착에 많은 걱정을 했지만 누구도 자녀를 말릴 수 없었다고 합니다. 우리 공부 모임 선생님들은 자녀가 햄버거 회사에 취직하면 엄청난 기여를 할 수 있을 것이라고 하였습니다.

최근에는 햄버거에 대한 관심이 드럼을 배우는 일로 옮겨 갔다고 합니다. 며칠이고 밖에도 안 나가고 방에서 드럼만 칠 때도 있다고 합니다. 그런데 드럼을 배우다 보니 음악을 하는 사람들과 만나게 되고, 그 사람들과 동호회 활동을 하면서 사회생활을 하게 된 것입니다. 자폐스펙트럼을 가진 사람들의 제한된 관심도 얼마든지 사회적 관심으로 발전할 수 있다고 생각합니다. 주변 사람들의 편견만 없다면 말입니다.

자폐스펙트럼장애가 있는 아이들의 제한된 관심사를 아이들만의 강점으로 인정해주기를 바랍니다. 그것이 당장 사회로 향하는 관심이 아니어도 말입니다. 창의력을 발휘하면 이 아이들의 제한된 관심사도 얼마든지 교육적으로 활용할 수 있을 것입니다. 앞에서도 강조했듯이 자폐스펙트럼장애가 있는 아이들의 경우 학교 교육과정의 모든 과목을 다 잘할 필요는 없다고 생각합니다. 아이들이 흥미를 보이는 과목에 집중할 수 있도록 하고 나머지 과목은 잘하지 않아도 된다고 생각합니다. 주변 사람들의 유연한 태도가 자폐스펙트럼장애가 있는 아이들도 행복한 삶을 살 수 있도록 도울 수 있을 것입니다.

포용적인 교실

자폐스펙트럼장애가 있는 아이들과 함께하는 신경다양성 교실은 포용적인 교실이 되어야 한다고 생각합니다. 포용적인 교실은 이 아이들의 다름이 존중받을 수 있는 교실입니다. 나는 우리 반 아이들과 함께 이 아이들을 포용할 수 있는 신경다양성 교실을 만들어갑니다. 우선 학기 초 장애이해교육을 합니다. 아이들에게 자폐스펙트럼장애가 무엇이고, 어떤 특성과 어려움이 있으며, 우리가 어떻게 도와주어야 하는지에 대해서 자세히 알려줍니다.

그리고 나서 여러 차례 학급회의를 열어 우리 반 친구의 어려움을 어떻게 도와줄 것인지에 대해 토의합니다. 여기에서 나온 의견을 바탕으로 신경다양성 아이들도 편안하게 지낼 수 있는 교실을 함께 만들어나갈 수 있었습니다. 진정 공간을 만들기도 하였고, 새로운 규칙을 정하기도 하면서 말입니다. 그런 과정에서 우리 반 아이들은 일상의 민주주의를 경험하고 배울 수 있는 소중한 시간을 가질 수 있었습니다. 포용적인 교실에서는 신경다양성 아이들 뿐만 아니라 모든 아이들이 안심하고 학교생활을 해나갈 수 있습니다.

감각의 예민함과 감정 조절의 어려움이 있는 아이들의 경우 편안히 쉴 수 있는 공간이나 기기를 마련해 두면 많은 도움이 됩니다. 이런 공간을 만들 때도 학급 아이들과의 합의를 이끌어내는 것이 중요합니다. 샛별이를 위해 만든 '슬픈 마음 정리하는 곳'이 바로 이런 공간이었습니다. 이곳은 샛별이 혼자만 사용하지 않았습니다. 다른 아이들도 친구와 싸워서 마음이 상하거나 속상한 일이 있을 때 이곳에서 화를 가라앉힐 수 있었습니다. 함께 만든 공간이니 모두가 사용할 수 있었습니다.

우리 반 아이들은 기쁨이가 수업시간에 헤드폰을 쓰도록 동의해 주었습니다. 덕분에 기쁨이는 감각 과부하를 헤드폰으로 조절할 수 있었습니다. 희망이의 경우 특수반이 진정 공간이었습니다. 희망이는 특수반에서 혼자 있는 시간 동안 감정과 정서를 조절할 수 있었습니다. 희망이는 특수반에서 늘 똑같은 구슬 놀이를 한다고 합니다. 작은 쇠구글을 위로 던지기도 하고 바닥에 튕기기도 하면서 한참을 보낸다고 합니다. 우리 교실에서 여러 행사를 하느라 특수반에 내려가지 못한 날은 방과 후에라도 들러서 꼭 구슬 놀이를 하다가 집으로 간다고 합니다. 희망이는 그 시간에 우리 교실에서 받은 과도한 자극들을 가라앉힐 수 있었습니다.

포용적인 교실은 자폐스펙트럼장애가 있는 아이들의 사회성을 증진시킬 수 있는 최적의 환경이라고 생각합니다. 수용적인 또래 친구들과 함께 있을 때 자폐스펙트럼장애가 있는 아이들도 조금씩 사회화가 되는 모습을 볼 수 있었습니다. 친구들의 지속적인 관심과 지지를 받았던 기쁨이가 자발적으로 친구에게 관심이 보이기 시작하여 깜짝 놀라게 했습니다. 늘 똑같은 놀이를 하는 샛별이에게 우리 반 친구들은 매일 새로운 놀이 상대가 되어 주었습니다. 혼자만의 세계에 빠져있는 희망이를 우리 반 아이들은 한시도 혼자 두지 않았습니다. 끊임없이 말을 걸고 희망이의 행동에 민감하게 반응해 주었고, 희망이가 하는 놀이를 함께 해주었습니다. 포용적인 교실에서는 신경다양성 아이들도 세상을 조금씩 배워나갈 수 있습니다.

포용적인 교실을 만들기 위해서 나는 우리 반 아이들은 물론 보조교사, 특수교사, 학부모님과 함께해야 했습니다. 나 혼자만의 힘으로는 결코 해낼 수 없었을 것이기 때문입니다. 우렁각시처럼 든든한 보조 선생님의 도움을 매일 받았고, 학부모님과 긴밀하게 연락을 주고받으며 교육방향을 맞춰갔습니다. 특수 선생님과도 자주 소통하며 아이의 어려움에 대한 의견을 나누고 일관적인 교육을 위해 함께 고민했습니다. 특수 선생님이 우리 교실에 오셔서 아이를 관찰하기도 하였고, 우리 반 수업도 여러 차례 함께 하면서 통합교육 상황에서의 어려움도 파악할 수 있었습니다. 우리 반 아이들은 종종 특수반에 초대받아 수업을 하

     모든 교실은 신경다양성 교실이다

고 오기도 했습니다. 아이들은 희망이, 샛별이, 기쁨이 덕분에 우리 반이 특별하고 재밌는 수업을 많이 한다며 행운이라고 말합니다.

학교의 모든 구성원이 같은 교육철학을 공유하며 협력할 때 공동체성은 더욱 강력해집니다. 신경다양성 아이들을 따뜻하게 품어줄 수 있는 어른들이 많을수록 아이들의 자율성이 보장되고, 공동체성은 빛을 발합니다. 학교에는 신경다양성 아이들과 동행해 줄 수 있는 지원인력이 반드시 필요합니다. 하지만 아직도 많은 학교가 지원인력 부족의 어려움을 겪고 있습니다. 충분한 지원인력과 구성원간의 협력이 이루어질 때, 신경다양성 아이들의 학습과 정서, 관계를 촉진할 수 있는 포용적인 교실이 비로소 가능해집니다.

하늘이 이야기

하늘이 이야기

하늘이와의 만남

하늘이는 내가 4학년 담임을 맡았을 때 만난 아이입니다. 하늘이는 똘똘하고 다부지게 생긴 남학생으로 두 눈은 반짝이며 호기심에 가득 차 보였습니다. 첫 출석을 부르는데 우렁찬 목소리로 시원시원하게 대답을 잘했습니다. 그런 하늘이에게 모든 아이의 시선이 쏠렸습니다. 나는 하늘이가 큰 목소리로 대답을 잘했다고 칭찬했습니다. 그런데 하늘이는 개학 첫날부터 옆 친구와 싸웠습니다. 자기 가방을 밟았다며 짝꿍을 손으로 밀쳤습니다. 니다. 작은 소란에 내가 두 아이를 쳐다보니 짝꿍은 하늘이에게 말을 하려다 멈추고 짧은 한숨을 내쉬었습니다. 개학 첫날부터 싸우다니 하늘이는 보통 아이가 아닌 것 같다는 느낌이 들었습니다.

하늘이는 수업 중 자주 주의가 흐트러졌습니다. 의자에 앉아 있을 때 똑바로 앉아 있은 적이 거의 없었습니다. 의자를 삐딱하게 세우고 몸을 앞뒤로 흔들다가 뒤로 넘어질 때가 많았습니다. 그리고 수업 중 수시로 밖에 나갔다 옵니다. 물을 마시러 가겠다, 화장실을 가겠다면서요. 그런 것은 쉬는 시간에 해결했으면 좋겠다고 말하면 대답은 큰 소리로 잘했습니다. 잠시 앉아 있던 하늘이는 또 쓰레기를 버리러 간다며 일어납니다. 그다음에는 사물함에서 찾을 것이 있다면서 또 일어났습니다. 40분의 수업시간 중 5~6번은 자리에서 일어났습니다.

하늘이는 걸을 때 늘 쿵쿵 소리를 내면서 걷습니다. 굳이 그럴 필요가 없는데도 말입니다. 하늘이는 계단을 내려갈 때면 3~4계단씩 뛰어서 내려갑니다. 하늘이는 어디든 기어 올라가고, 또 그곳에서 슈퍼맨처럼 뛰어내립니다. 하늘이는 매일 다치고 몸에 상처가 납니다. 하루도 성한 날이 없었습니다. 하늘이는 우리 학교 보건실 단골손님이 되었습니다.

하늘이는 쉬는 시간에 친구들과 자주 다툽니다. 화가 나면 손이 먼저 나가서 친구를 밀치거나 때리기도 합니다. 하늘이는 쉬는 시간에 자주 소리를 지릅니다. 그러면 옆에 있던 여학생들이 깜짝 놀랍니다. 개학 1주일 만에 하늘이에 대한 민원이 폭주하기 시작합니다. "선생님! 하늘이가요!"

나는 하늘이에게 ADHD가 있다는 것을 단번에 알 수 있었습니다. 과잉행동형 ADHD였습니다. 하늘이는 인정욕구가 큰 아이였습니다. 하늘이는 선생님에게도 인정받고, 친구들에게도 주목받고 싶어 했습니다. 하지만 행동조절이 어렵다 보니 자신의 욕구와는 다르게 친구들이 싫어하는 행동을 해버립니다. 그런 일들이 반복되면서 아이들은 하늘이와 함께 노는 것을 주저합니다. 친구들이 자신과 노는 것을 탐탁지 않게 여긴다는 것을 느낀 하늘이는 나에게 와서 이렇게 말합니다. "선생님, 친구들이 저만 따돌려요." 악순환이 반복되고 있었습니다.

ADHD의 양면

그럼에도 불구하고 나는 이 아이의 강점을 봐야겠지요? 하늘이는 공부를 잘하는 아이였습니다. 글씨도 예쁘게 또박또박 잘 쓰고, 독해력도 우수했습니다. 수학을 좋아했는데 항상 1등으로 문제를 풀고는 나에게 검사를 받으러 나옵니다. 정확도도 높

　　　　　모든 교실은 신경다양성 교실이다

았습니다. 4학년인 하늘이는 요즘 중학교 수학을 배우고 있다고 나에게 자랑을 하기도 합니다. 하늘이는 자신이 풀고 있는 중학교 수학 문제집을 학교에 가지고 와서 친구들에게 보여주기도 했습니다. 하늘이는 언어지능과 논리수학지능이 높은 아이였습니다.

하늘이는 우리 반에 약한 친구를 도와주는 일도 스스로 나서서 잘합니다. 자폐스펙트럼장애가 있는 친구를 늘 자신이 도와주겠다고 합니다. 굳이 그럴 필요가 없을 때도요. 결국 하늘이의 과한 행동으로 인해 그 친구가 곤경에 처하는 일도 종종 있었었습니다. 하지만 그 마음만큼은 충분히 예뻤습니다

ADHD가 있는 아이들에게도 이렇게 긍정적인 면이 있습니다. 하지만 과한 행동을 할 때가 많아서 자칫 주변 사람들이 이 아이들의 부정적인 면에만 매몰되기가 쉽습니다.

존스홉킨스 대학 소아정신과 의사인 지나영 교수님은 자신이 운영하는 유튜브 채널 〈닥터 지하고〉에서 ADHD의 양면성에 대해 말씀하셨습니다. 지나영 교수님은 자신도 ADHD가 있다고 밝히기도 했습니다. 자신의 사례와 더불어 교수님이 만난

닥터 지하고

ADHD가 있는 사람들을 분석해 본 결과 그들이 보이는 결함이 반대로 생각하면 충분히 강점이 될 수 있다고 말씀하셨습니다.

예를 들어, ADHD가 있는 사람들은 대부분 집중력이 약하다고 합니다. 하지만 자기가 관심있는 분야를 만나면 천재성을 발휘하기도 한다고 합니다. 또한 잡생각을 많이 해서 지적을 받기도 하지만, 이는 오히려 특별한 아이디어가 풍부한 사람이 되는 것이기도 하다고 합니다. ADHD가 있는 사람들은 정리정돈이 잘 되지 않습니다. 어른이 되어서도 마찬가지라고 합니다. 하지만 이런 사람들은 어디에 가서든 적응을 잘한다고 합니다. 본인이 정리정돈을 못하니 조금 지저분한 곳이어도 별로 개의치 않는답니다.

ADHD가 있는 사람들은 물건을 잘 잃어버린다고 합니다. 하늘이도 마찬가지입니다. 늘 자신의 물건이 없어졌다고 합니다. 새 교과서를 나누어준 지 얼마 되지 않았을 때였습니다. 국어 시간이 되어서 모두 국어 교과서를 꺼내고 수업 준비를 해야 했습니다. 나는 하늘이가 교과서를 꺼내지 않고 있어서 빨리 교과서를 꺼내라고 말했습니다. 하늘이는 자신의 책상 서랍에서 대충 찾는 시늉을 했습니다. 그러더니 나에게 이렇게 말합니다. "선생님, 저 신경쓰지 마시고 수업하세요." 그 말을 들은 하늘이 짝꿍이 어이없다는 듯 한숨을 쉽니다. 그러더니 하늘이에게 비켜보라고 하면서 하늘이의 책상 서랍에서 물건을 다 꺼내서 국어 교과서를 찾아 주었습니다. 교과서 표지는 이미 다 찢어져 있었습니다. 새 교과서였는데도 말입니다.

이렇게 ADHD가 있는 사람들은 자신의 물건을 잘 간수하지 못하거나 잃어버릴 때가 많습니다. 어른이 되어서도 그런 면이 잘 고쳐지지 않는다고 합니다. 여행을 갈 때 여권을 두고 오는 일이 비일비재하다고 합니다. 그것에 대해 지나영 교수님은 이런 말씀을 하셨습니다. 이런 사람들은 잘 잃어버리기 때문에 오히려 그런 상황에 대한 대처능력이 발달해서 무척 창의적이라고요. 유쾌한 교수님의 말씀에 웃음이 나왔습니다.

또한 ADHD가 있는 사람 중에 사업을 크게 성공시킨 기업가들이 많다고 합니다. ADHD의 성향인 충동성이 큰 사람들은 다른 사람들이 쉽게 시도하지 못하는 일에 도전할 수 있는 용기가 뛰어나 사업을 성공시키는 경우가 많다고 합니다. 그래서 ADHD의 기질이 곧 사업가의 기질과도 같다는 말씀도 하셨습니다.

그 이야기를 들으니 "맞아 맞아." 하면서 고개를 끄덕일 수밖에 없었습니다. 우리는 그동안 ADHD의 양면 중 부정적인 면에만 너무 많은 관심을 두었던 것 같습니다. 이 아이들의 긍정적인 면을 더 많이 부각해서 의도적으로 볼 필요가 있다고 생각합니다.

ADHD와 약물치료

예전의 나는 ADHD는 굳이 약물치료를 할 필요가 없다고 생각했습니다. 신경다양성을 가진 아이들이기 때문에 약물치료보다는 환경을 잘 조성해주는 것이 더 중요한 일이라고 여겼습니다. 하지만 그것은 내가 잘못 생각했던 것입니다. 많은 정신과 의사 선생님의 책을 보고 강연을 들으며, 또 제자들을 만나면서 내가 잘못 생각하고 있었다는 것을 깨달을 수 있었습니다.

병원에서 ADHD 치료를 병행하는 아이들이 훨씬 자신의 강점도 잘 살리고 성공적인 학교생활을 할 수 있었습니다. 예전에 나는 신경다양성에 대한 균형 잡힌 시각을 갖지 못했던 것입니다. 막연히 ADHD의 약물치료에 대해 부정적으로만 생각했던 것입니다. 의학적인 치료가 필요하다면 적극적으로 치료를 받아야 한다고 생각합니다. 그러고 나서 가정과 학교, 일상에서는 이 아이들을 위한 환경 조성과 교육이 병행되어야 하는 것입니다. 그것이 균형 잡힌 시각이고 이 아이들을 위한 적절한 지원이라고 생각합니다.

ADHD 아이들이 보이는 산만하고 과격한 행동들은 부모님을 괴롭히려고, 선생님을 골탕 먹이려고 하는 행동이 아닙니다. 이런 행동은 아이 스스로 노력과 의지를 발휘한다고 쉽게 극복

할 수 있는 문제가 아닙니다. ADHD 아이들은 뇌의 전전두엽 발달의 지연을 가지고 있기 때문입니다. 전두엽은 인간의 뇌 중 가장 늦게 발달하는 부위라고 합니다. 보통 초등학교 때부터 20대 후반까지 발달합니다.

전두엽은 실행기능을 담당하고 있습니다. 실행기능이란 어떤 문제를 해결하기 위해 계획을 세우고, 일련의 일들을 정리·조직화하여 시간을 관리하고, 미루지 않고 과제를 개시할 수 있는 능력입니다. 그리고 그것을 끝까지 해내기 위해 인내심을 발휘해 목표에 집중하는 역량이라고 할 수 있습니다. ADHD 아이들은 전두엽 발달이 또래 아이들보다 2~5년 정도의 지연이 있다고 합니다. 그래서 이 아이들의 행동이 몹시 산만해 보이고 충동적으로 보이는 것입니다.

ADHD로 인해 아이들이 학교생활에서 또래들과 불필요한 갈등을 많이 보인다면 의학적 치료가 필요합니다. 물론 약물치료로 ADHD의 모든 증상이 없어지는 것은 아닙니다. 그러면 안 됩니다. ADHD의 긍정적인 면도 얼마나 많은데요. 높은 에너지 수준과 창의적인 생각을 잘하는 강점까지 없애버리면 안 될 것입니다. 약물치료는 이 아이들이 최소한 공동체에 잘 수용될 수 있는 정도의 행동조절이 가능하도록 도움을 주는 것입니다. 나는 나의 제자들이 약물치료를 병행하면서 학교생활에 잘 적응하고 자신의 능력도 훨씬 잘 발휘하는 모습들을 정말 많이 보았습니다.

하지만 우리나라 학부모들에게 정신건강의학과의 문턱은 여전히 너무 높습니다. 특히 자녀의 문제로 정신건강의학과에 방문한다는 것을 받아들이기 힘들어합니다. 나 또한 그랬습니다. 나는 10여 년 전 우울증과 공황장애 진단을 받았습니다. 매일 눈물로 보내며, 어두운 미래에 대한 생각에 사로잡혀 있었으니 당연한 결과였습니다. 잠을 못 자기 시작했고, 숨이 안 쉬어졌습니다. 살아갈 의욕이 생기지 않았습니다. 이러다 어린 두 아이를 두고 큰일이 생길 것 같다는 불길한 예감이 들었습니다. 더이상 내 의지로 해결할 수 있는 문제가 아니라는 생각이 들었습니다. 나는 용기를 내어 정신건강의학과의 문을 두드렸습니다. 처음으로 정신건강의학과에서 처방받은 약을 먹었습니다. 작디작은 약 하나를 먹으니 그동안 나를 괴롭히던 모든 증상이 씻은 듯이 사라졌습니다. 허무하게도 말입니다. 나는 지금도 정신건강의학과의 치료를 꾸준히 받으며 살아가고 있습니다. 힘들면 도움을 받아야 합니다. 그러면 편안하게 살 수 있습니다.

ADHD도 마찬가지입니다. 약물치료로 아이가 편안하게 학교생활을 할 수 있다면 도움을 주는 것이 맞다고 생각합니다. 예전에는 ADHD 약물치료를 주로 어린아이들을 대상으로 했습니다. 어린 아이들은 약물치료의 효과에 대해서 디테일한 설명을 하지 못합니다. 그런데 최근에는 성인 ADHD에 대한 관심이 높아지면서 성인 ADHD 진단을 받는 사람들이 늘어나고 있습니다. 그러다 보니 이분들이 약물치료의 효과에 대해 자세하게 설명해줄 수 있게 되었습니다. 나의 지인 중에도 성인이 되어서야 ADHD 진단을 받은 분이 있습니다. 나는 지인에게 ADHD 약물치료의 효과가 어떠한지 물었습니다. 그분은 약을 먹으면 안개가 낀 것처럼 뿌옇던 머릿속이 싹 맑아지면서 오늘 해야 할 일에 대한 리스트가 차례대로 그려진다고 했습니다. 그러면 아주 편안하게 하루를 잘 보낼 수 있다고 합니다.

ADHD 치료에 대한 편견이 없으면 좋겠습니다. 정확한 진단을 통해 적절한 치료를 받고 그에 맞춰 교육이 잘 이루어지면 ADHD 아이들은 공존질환 없이 잘 살아갈 수 있습니다. ADHD 아이들은 공존질환에 아주 취약하다고 합니다. 공존질환은 앞에서도 언급했었던 2차 장애입니다.《ADHD 우리 아이 어떻게 키워야 할까》라는 책을 쓴 신윤미 의사 선생님은 ADHD 증상으로 인해 부정적인 시선을 많이 받게 되면서 공존질환으로 적대적 반항장애, 불안장애, 품행장애, 틱장애, 기분장애가 생길 수 있다고 했습니다. 공존질환이 생기면 ADHD 치료는 더욱 어려워질 수밖에 없다고 합니다. 학교마다 고학년 아이들 중에 행동문제로 이름을 날리는 아이들이 있습니다. 적대적 반항장애가 있는 아이들입니다. 누구도 그런 아이와 같은 반이 되고 싶어 하지 않습니다. 이 아이들의 히스토리를 따라가 보면 ADHD가 있는 경우가 많습니다. 이 아이들이 적절한 시기에 치료를 받지 못해서 2차 장애가 생겨버린 것입니다. ADHD 치료의 적기를 놓쳐버리면 평생 힘든 삶을 살수도 있다고 합니다. 교사로부터 또는 주위 사람들로부터 진단을 권유받았다면 지체하지 말고 바로 병원의 도움을 받을 수 있으면 좋겠습니다.

하늘이 부모님과의 만남

나는 하늘이 부모님께 하늘이의 ADHD 증상에 대해 빨리 알려야겠다고 마음먹었습니다. 나는 하늘이 엄마에게 전화를 드렸습니다. 하늘이에 대해 중요하게 할 이야기가 있으니 학교로 방문하실 수 있냐고 물었습니다. 하늘이 엄마는 학교에 방문할 시간이 없다고 하셨습니다. 나는 중요한 이야기니 바쁘시더라도 꼭 방문하셨으면 좋겠다고 했습니다. 하늘이 엄마는 그냥 전화로 말해달라고 했지만, 나는 전화로 말씀드리고 싶지 않다고, 얼굴 뵙고 말씀드릴 거라고 했습니다. 20분만 시간을 내셔서 꼭 학교에 와 달라고 말씀드리고 전화를 끊었습니다. 마음이 좋지 않았습니다. 하늘이 엄마가 나를 만나는 것을 내켜 하지 않는 것 같다고 느껴졌습니다. 나도 학부모님께 아이들의 어려움에 대해 말해야 하는 순간이 참 힘듭니다. 하지만 하늘이가 치료의 적기를 놓치지 않게 도와주어야 한다는 사명으로 용기를 냈습니다. 말을 꺼내기 쉽지 않지만, 아이를 위해 부모님께 의사 등 전문가의 진단과 도움을 받도록 권하는 것이 필요합니다. 그래야 학교와 가정 모두에서 동일한 관점과 목표로 아이의 성장을 돕는 협력이 가능해집니다.

만나기로 약속한 날 하늘이 엄마 아빠가 함께 걱정이 가득한 얼굴로 교실에 들어오셨습니다. 나는 반갑게 하늘이 부모님을 맞이했습니다. 자리를 안내하고, 나는 하늘이 부모님께 하늘이는 어떤 아이냐고 물었습니다. 하늘이 아빠는 하늘이가 굉장히 활발하고 노는 것 좋아하고, 체육활동도 좋아하는 아이이고, 약한 친구들도 잘 도와주는 아이라고 하였습니다. 나도 하늘이가 그런 아이인 것 같다고, 공부도 잘하는 똑똑한 아이라고 하였습니다. 우리 반에서 수학 문제를 제일 빨리 풀고, 재능이 무척 많은 아이라고도 말씀드렸습니다. 그리고 나서 그동안 내가 관찰한 하늘이의 모습에 대해서 모두 다 말씀드렸습니다. 나의 이야기를 듣고 하늘이 부모님의 표정이 어두워지셨습니다. 나는 하늘이가 ADHD가 있는 것 같으니 빨리 병원에 가서 진단을 받고 치료를 받았으면 좋겠다고 하였습니다.

두 분은 한동안 말이 없으셨습니다. 갑자기 하늘이 엄마가 울기 시작하였습니다. 나는 당황했습니다. 하늘이 엄마에게 왜 우시냐고 물었습니다. 하늘이 엄마는 하늘이가 돌 때부터 다르다는 것을 느꼈다고 했습니다. 하늘이가 돌 때 문화센터에 데리고 갔는데, 다른 아이들은 엄마와 함께 활동에 참여하는데 하늘이는 선생님을 전혀 따라 하지 않았다고 합니다. 그리고 유치원에 다니는 내내 전화를 받았다고 합니다. "친구를 때렸어요. 하늘이가 다쳤어요." 등의 전화를 자주 받아서 너무 힘들었다고 했습니다.

나는 하늘이 엄마에게 그럼 지금까지 왜 병원에 안 가셨냐고 물었습니다. 하늘이 엄마도 하늘이의 ADHD가 의심되어서 병원에 가셨다고 했는데, 의사 선생님을 만나려면 3년 넘게 대기를 해야 한다고 해서 지금까지 기다렸다고 합니다. 어느 병원에 갔냐고 물었더니 우리나라에서 제일 유명한 의사 선생님을 찾아갔다고 하였습니다. 3년 대기라니…. 안타까웠습니다.

나는 그분은 차례가 되면 그때 가서 만나고, ADHD 치료는 동네 병원에 가는 것이 좋을 것 같다고 말씀드렸습니다. 병원에 자주 방문하여 의사 선생님과 상담을 해야 하니 가까운 병원에 다니는 것이 좋을 것 같다고 의견을 드렸습니다. 내가 하늘이 담임을 맡고 있는 동안 하늘이가 치료를 시작하면 좋겠다고 강조했습니다.

신윤미 의사 선생님은 ADHD 치료는 투트랙이라고 말씀하십니다. 약물치료와 교육이 함께 이루어져야 한다고요. 약물치료만 해서는 안 되고, 약물치료 없이 교육만으로도 한계가 있다는 것입니다. 약물치료를 하는 동안 학교와 가정에서 공동체 생활에 잘 적응할 수 있도록 기본 생활습관 형성을 도와주어야 한다고 했습니다. 그렇게 되면 나중에 약물치료를 중단해도 아이가 학교생활을 성공적으로 할 수 있게 된다고 합니다. 나는 하늘이 부모님께 내가 지금 하늘이에 대해서 잘 알고 있으니 하늘이가 치료를 시작하면 매일 모니터링을 하고 하늘이의 교육에 집중해보겠다고 했습니다. 하늘이 엄마 아빠는 다행히 나의 말을 잘 받아들여 주셨습니다.

사고를 치다

하늘이는 동네 병원에서 초진을 받기로 했다고 연락이 왔습니다. 동네 병원도 최소 한 달은 대기를 해야 합니다. 초진을 받는데 한 달, 종합심리검사를 하는데 또 시간이 걸려 최종 결과가 나오는 데까지 거의 두 달의 시간이 걸렸습니다. 그 사이 하늘이는 큰 사고를 치고 맙니다.

하늘이는 어디서든 뛰어내리는 아이입니다. 올라갈 곳이 있기만 하면 기어 올라가 뛰어내립니다. 체육 시간이었습니다. 체육관에서 수업을 마치고 체육 교구를 정리하러 체육 창고에 들어가려던 순간이었습니다. 하늘이는 아니나 다를까 체육관 구석 매트를 쌓아 놓은 곳으로 올라가고 있었습니다. 나는 하늘이에게 소리쳤습니다. "하늘아, 거기서 뛰어내리면 위험하니까 얼른 내려와!" 그러고 나서 나는 체육 창고에 들어갔습니다.

하늘이는 쌓아 놓은 매트 위에서 뛰어내리려고 했습니다. 매트 옆에는 우리 반 여학생 가을이가 서 있었습니다. 하늘이는 가을이에게 큰 소리로 말했습니다. "나, 뛰어내릴 거니까 비켜!"라고요. 근데 이를 어쩜담. 가을이는 하늘이의 소리를 듣지 못했습니다. 하늘이는 가을이가 서 있는 곳으로 뛰어내리고 말았습니다. 가을이를 덮쳐버렸습니다. 가을이는 다리를 크게 다쳤습니다. 계속 고통을 호소했습니다. 결국 부모님이 오셔서 병원에 데리고 갔습니다. 가을이는 2주 동안 학교에 나오지 못했습니다. 병원에서 성장판에 이상이 있을 수 있다는 이야기를 들었다고 했습니다.

나는 그 사건으로 2주 동안 제대로 잠을 잘 수 없었습니다. 자책과 불안으로 힘들었습니다. 내가 그때 체육 창고에 가지 말

 모든 교실은 신경다양성 교실이다

고 하늘이가 안전하게 내려올 수 있도록 손을 잡아줬어야 했는데…. 가을이에게 거기에 서 있지 말라고 했어야 했는데…. 잠을 못 자고 스트레스를 받으니 공황증세가 재발하였습니다. 또 숨이 쉬어지지 않았습니다. 마음이 쉽게 안정되지 않았습니다.

나는 하늘이 엄마에게 이 사건에 대해 전화로 알렸습니다. 하늘이 엄마는 한참을 아무 말씀이 없으셨습니다. 얼마간 후 침묵을 깨고 말씀하셨습니다. "선생님, 저는 하늘이가 없어졌으면 좋겠어요." 나는 깜짝 놀랐습니다. 하늘이 엄마는 우울증 증세가 있었던 것입니다. 그동안 쌓인 양육 스트레스가 감당하지 못할 지경에 다다른 것입니다. 나는 하늘이 엄마께 말씀드렸습니다. "어머니, 사실 저도 우울증과 공황장애가 있어요. 10년 전에 진단을 받았습니다. 제가 보기에 어머니도 너무 많은 스트레스로 무기력해진 것 같아요. 우울증 치료를 받으셨으면 좋겠습니다. 어머니가 빨리 기운을 차리셔야지 하늘이를 잘 키우지요." 하늘이 엄마는 흐느껴 우셨습니다.

가을이는 2주 동안 집에서 꼼짝도 못하고 있었습니다. 내가 가을이네 집에 가서 밀린 공부를 가르쳐줘야 할 것 같아 가을이 엄마께 집으로 방문해도 되냐고 여쭤보았습니다. 가을이 엄마는 괜찮다고 했습니다. 내가 이렇게 속상한데 부모님은 오죽하실까 싶었습니다. 가을이 부모님은 많이 힘드셨을 텐데도 평정심을 잃지 않으셨습니다. 가을이는 2주 뒤에 학교에 왔습니다. 제대로 걸을 수 없어서 한동안 보조기를 차고 휠체어를 탔습니다. 하늘이가 자진해서 가을이의 휠체어를 끌겠다고 했습니다. 가을이는 그런 하늘이에게 웃으며 고맙다고 했습니다. 가을이는 참 속이 깊은 아이였습니다. 하늘이는 한동안 가을이의 손과 발이 되어주었습니다. 가을이의 식판도 가져다주고 가을이가 이동수업을 하러 갈 때 늘 함께 해주었습니다.

가을이가 보조기를 빼고 자기 발로 걷게 되기까지 두 달 가까이 걸렸습니다. 이제는 가을이의 성장판이 문제가 없어야 했습니다. 그건 시간이 지나야 알 수 있는 문제였습니다. 내가 가을이와 헤어지게 된 겨울, 가을이는 나에게 다가와 귓속말로 속삭였습니다. "선생님, 저 3cm 자랐어요." 나는 가을이를 번쩍 안아 들고 제자리에서 뱅그르르 돌았습니다. 잘 자라줘서 너무너무 고맙다고 말하고 꼬옥 안았습니다. 가을이는 활짝 웃었습니다. 나는 그제야 마음의 짐을 내려놓을 수 있었습니다.

하늘이가 달라지다

하늘이는 큰 사고를 겪고 또 병원치료를 시작하면서 몰라보게 달라졌습니다. 그동안 우리 반에서 제일 가엾은 아이는 하늘이의 짝꿍이었습니다. 하늘이 짝꿍은 매일 나에게 와서 하소연을 합니다. "선생님, 하늘이 때문에 힘들어요." "많이 힘들지? 2주마다 짝을 바꾸니까 조금만 참아줘. 하늘이가 너의 집중을 방해할 때 이렇게 말해. 너의 행동으로 내가 너무 불편하고 힘들어."라고…. 짝꿍은 알았다며 자기 자리로 갔습니다.

옆에서 나부대는 하늘이에게 짝꿍은 내가 시킨 대로 말했습니다. "너의 행동으로 내가 너무 불편해." 그때마다 하늘이의 대답은 한결 같았습니다. "어쩔티비!" 짝꿍은 "칫!"하고 맙니다. 그날도 하늘이가 짝꿍의 집중을 방해했습니다. 짝꿍은 내가 시킨 말을 앵무새처럼 읊었습니다. 별 기대도 없이요. 그런데 그날은 하늘이가 "응, 알았어!"라고 말한 것입니다. 짝꿍은 화들짝 놀랐습니다. '내가 지금 뭘 들은 거지? 어쩔티비가 아니라니….' 짝꿍은 나에게 와서 이 사실을 흥분하며 전했습니다. 나도 깜짝 놀라서 우리 반 아이들에게 말했습니다. "얘들아, 하늘이가 응 알았어래." 아이들은 웃으며 박수를 쳤습니다.

하늘이는 우리 반 아이들과 나의 갑작스러운 반응에 움찔하더니 어깨를 으쓱 올리며 미소를 지었습니다. 그 사건 이후로 하늘이는 예전 습관대로 '어쩔'이라는 말이 나오려는 순간 멈칫하고, "응, 알았어."라고 대답을 합니다. 참 신기한 변화였습니다.

놀랍게도 하늘이에게 조절능력이 생긴 것입니다. 하늘이의 방어적인 태도가 긍정적 반응으로 바뀌자 하늘이와 친구들과의 갈등이 몰라보게 줄어들었습니다. 아이들은 매일 하늘이의 선행을 나에게 와서 보고합니다. 나는 과장된 반응을 하며 하늘이의 선행을 보고한 아이와 하늘이를 칭찬했습니다. 매일 민원이 끊이지 않았던 하늘이에게 이러한 변화가 생기다니…. 하늘이는 우리 반 민원왕에서 칭찬왕으로 바뀌었습니다. 그날도 하늘이에 대한 민원이 한 건도 들어오지 않았습니다. 나에게 인사를 하고 하교하려는 하늘이에게 내가 물었습니다. "하늘아, 너 요즘 뭐가 달라진 것 같아?"라고요. 하늘이가 대답했습니다. "선생님, 저 요즘 친절해진 것 같아요. 옛날에는 좀 화가 많았거든요. 근데 요즘은 그렇지 않아요. 학교 오는 것도 너무 재밌구요." 나는 하늘이를 꼭 안아줬습니다. "고마워!"라고 하면서요.

하늘이는 방과 후에 쉼 없이 대치동 학원에 다니던 아이였습니다. 하늘이 엄마가 나에게 학교에 방문할 시간이 없다고 한 이유가 대치동 학원 라이딩을 해야 했기 때문이었습니다. 하늘이는 힘들어하고 있었습니다. 나는 하늘이 엄마에게 말씀드렸습니다. 지금 하늘이에게 중요한 것은 대치동 학원이 아니라고요. 하늘이는 공부 잘할 아이니까 걱정하지 마시고 대치동 학원 그만 보내라고 했습니다. 하늘이가 많이 힘들어하고 있다고 했습

니다. 현재 하늘이에게 중요한 것은 공부가 아니라 공동체 생활
에의 적응이라고 했습니다. ADHD가 있는 아이가 방과 후 그렇
게 많은 학원을 다니면 감당하지 못할 것이라고 했습니다.

하늘이 엄마는 내 말을 듣고 과감히 대치동 학원을 그만두
었습니다. 하늘이가 좋아하는 학교 앞 특공무술학원 하나만 다
니기로 했습니다. 하늘이 엄마는 하늘이가 공부를 곧잘 하는 아
이라서 그동안 아이가 받은 부정적인 시선들을 공부로 만회
해 보고 싶었던 것입니다. 하늘이 엄마는 하늘이에게 공부에 대
한 압박을 하고 있었던 것입니다. 하늘이가 90점을 받아도 왜
100점을 못 받냐며 핀잔을 주었다고 합니다. 그랬던 하늘이 엄
마가 대치동 학원을 이렇게 단번에 그만두는 결단을 내릴 수 있
었던 이유는 하늘이가 ADHD 진단을 받았기 때문입니다. 그동
안 의심만 했을 뿐 정확한 진단을 미루다가 하늘이의 진단이 나
오자 그제야 아이의 다름을 받아들인 것입니다. 자신의 양육방
식을 돌아보고 무엇이 하늘이를 진정으로 위한 길인지 진지하게
생각할 수 있게 된 것입니다. 이제 하늘이는 방과 후에 친구들과
실컷 축구를 할 수 있게 되었습니다. 하늘이는 매일매일 새로운
아이가 되어 가는 듯 보였습니다. 얼굴에 생기가 돌기 시작했습
니다.

나는 하늘이 엄마에게 어려운 과제를 내주었습니다. 하늘이

를 키운 지난 10년 동안 하늘이에게 부정적인 피드백을 하셨다면 앞으로 10년 동안은 긍정적인 피드백만 하셔야 한다고요. 꼭 필요한 훈육만 진심을 담아 하시고 긍정적인 피드백으로 하늘이의 자존감을 올려주어야 한다고 말했습니다. 그래야 하늘이가 살아갈 수 있다고 했습니다. 하늘이 엄마는 꼭 그렇게 해보겠다고 했습니다. 나는 하늘이 엄마가 고마웠습니다.

의미 있는 역할 부여

하늘이는 이제 40분 동안 엉덩이를 붙이고 자기 자리에 앉아 집중할 수 있게 되었습니다. 하늘이가 교실에서 돌아다니지 않으니 수업 분위기가 훨씬 더 차분해졌습니다. 그런 하늘이가 대견했고 하늘이의 변화에 진심으로 칭찬을 아끼지 않는 우리 반 아이들이 정말 고마웠습니다. 나는 하늘이에게 이제 외적 보상뿐 아니라 내적 동기도 충족시켜 주면 좋겠다고 생각했습니다. 하늘이는 똘똘한 아이니까요.

나는 하늘이에게 학급에서 의미 있는 역할을 부여하기로 했습니다. 하늘이는 수학 문제를 우리 반에서 제일 빨리 풉니다. 그리고 늘 친구들을 방해하러 다녔습니다. 나는 하늘이가 수학 문

   모든 교실은 신경다양성 교실이다

제를 다 풀고 나서 나에게 검사를 맡으면 이렇게 말합니다. "하늘아, 파견근무 나가세요!" 그러면 하늘이는 우리 반에서 수학을 제일 어려워하는 친구가 수학익힘책을 다 풀 수 있을 때까지 그 친구를 도와줍니다. 나는 하늘이에게 엄지척을 하며 최고의 수학 선생님, 하늘샘이라고 칭찬했습니다. 하늘이의 도움을 받은 친구도 하늘이가 너무 잘 가르쳐준다고 고마워합니다.

하늘이는 내가 수업 교구 준비를 하고 있으면 어느새 내 옆에 와서 도와줍니다. 태블릿도 정리해주고 과학실험도구, 미술도구도 같이 준비해줍니다. 그런 하늘이가 너무 예뻤습니다. 나는 하늘이에게 나는 이 세상 어느 CEO도 부럽지 않은 사람이라고 말합니다. 하늘이라는 최고로 멋진 비서가 이렇게 나를 도와주고 있기 때문이라고 했습니다. 그러면 하늘이는 씩 미소를 짓습니다.

하늘이는 우리 반의 자폐스펙트럼장애가 있는 친구가 특수반에 갈 때 늘 자기가 데려다주겠다고 나섭니다. 굳이 안 데려다줘도 되는데 말입니다. 나는 하늘이를 뒤따라가 봤습니다. 하늘이가 특수반에 그 친구를 데려다주면 특수반 선생님이 하늘이가 예쁘다면서 매번 사탕을 주셨던 것입니다. 나는 그 모습이 너무 귀엽고 사랑스러웠습니다. 나는 친구와 동행해준 하늘이에게 훌륭하다고 칭찬했습니다. 하늘이는 참 착하고 선한 아이였습니다.

나는 우리 반 아이들 앞에서 이렇게 말했습니다. "애들아, 선생님은 요즘 하늘이 덕분에 너무 행복해. 그리고 너무 기뻐. 하늘이가 이렇게 우리 반에서 훌륭한 일을 하고 있잖아. 하늘아, 정말 고마워." 아이들도 하늘이를 향해 박수치며 좋아했습니다. 하늘이가 뿌듯해하는 것이 보였습니다.

어느 날 우리 반 여학생들이 교실 구석에서 수다를 떨고 있었습니다. 깔깔거리며 웃길래 호기심이 발동한 나는 여학생들 곁으로 갔습니다. "애들아, 너희 무슨 얘기해?"라고 물었습니다. 여학생 한 명이 나에게 귓속말로 이렇게 말하는 것이었습니다. "선생님, 이거 비밀인데요. 우리 반 봄이가 하늘이를 좋아한대요." 그러면서 까르르 웃었습니다. 나는 그런 아이들이 귀여워서 머리를 쓰다듬으며 속으로 쾌재를 불렀습니다. '하늘이 이제 됐다 됐어. 드디어 인싸가 되었구나. 이제 하늘이는 걱정없다!'라고 말입니다. 하늘이가 친구들에게 수용이 되고 있었습니다. 아이들이 하늘이를 찾기 시작했고 하늘이와 노는 것을 즐거워했습니다.

나는 하늘이 엄마가 걱정되었습니다. 하늘이 엄마가 빨리 우울증에서 벗어나길 바랐습니다. 나는 하늘이의 예쁜 모습을 사진으로 찍어서 친구들이 하늘이를 칭찬하고 하늘이와 잘 놀고 있다는 내용을 담아 하늘이 엄마에게 문자로 보내드렸습니다. 하늘이 엄마도 조금씩 안정을 찾아가고 있었습니다.

ADHD가 있는 아이들과 함께하는 신경다양성 교실

《신경다양성 교실》에서는 ADHD 학생을 위한 환경을 만들기 위해 다음과 같은 요소들을 고려할 것을 제안했었습니다. 짐볼, 스탠딩 책상과 같은 도구를 사용한 움직임이 많은 교실 만들기, 자연 속에서 마음껏 뛰어놀 수 있는 시간 마련하기, ADHD가 가진 변화무쌍함, 높은 에너지, 뛰어난 창의력 등 강점에 집중하기 등입니다. 그런데 이후 아이들을 만나면서 보다 선행되어야 하고, 중점을 둬야 할 부분이 있다는 것을 깨닫게 되었습니다.

나는 하늘이를 비롯해 ADHD 학생들을 만나면서 '시선 바꾸기' '학습보다 정서가 먼저' '전두엽 발달을 촉진시키는 교실'이 밑바탕을 이뤄야 한다는 것을 알게 되었습니다.

시선 바꾸기

ADHD가 있는 아이들과 함께하는 교사와 부모들은 의도적으로 이 아이들의 긍정적인 면을 볼 필요가 있다고 생각합니다. 아무래도 아이들의 행동이 과하다 보니 대부분의 사람들은 이 아이들의 부정적인 모습에 사로잡히기 쉽습니다. 앞서 루빈의 꽃병에서도 말했듯이 한쪽 면에 마음이 쏠리면 다른 면을 보기가 쉽지 않습니다. 그럴 땐 나의 시선을 의도적으로 바꾸려는 노력이 필요합니다. 그러면 반드시 이 아이들의 긍정적인 면이 보입니다. 나는 아이의 긍정적인 면을 바라보는 시선이 교육의 시작이자 끝이라고 생각합니다.

내가 한 지역의 교사 연수 강사로 초청되었을 때의 일입니다. 강의를 마치자 연수를 주최한 장학사께서 나의 강의를 듣고 생각이 났다면서 한 일화를 말씀해 주셨습니다. 장학사님은 휴직한 선생님들의 자리를 대신할 기간제 교사를 채용하는 일을 담당하고 있었다고 합니다. 기간제 교사들의 대부분은 퇴직 교원들이라고 합니다. 그분들과 짧은 면접을 보면서 이야기를 나누었는데, 교직 생활을 하면서 어떤 일이 가장 기억에 남느냐고 질문을 하셨다고 합니다.

한 선생님이 퇴직 2년 전에 담임을 맡았을 때가 생각난다고

     모든 교실은 신경다양성 교실이다

하셨습니다. 그때 담임을 했던 아이들은 교직 생활 중 가장 힘들었던 아이들이라고 합니다. ADHD로 의심되는 아이들이 그 반에 3~4명이 있었던 것입니다. 수업도 힘들고 생활지도도 힘들어 이제는 교사를 그만두어야 하나라는 생각을 진지하게 하셨다고 합니다.

힘든 일은 한꺼번에 온다고 과학 시간에 불이 붙은 알코올램프가 깨지는 사고가 일어났다고 합니다. 순식간에 과학실 바닥에 불이 붙어버렸습니다. 선생님도 아이들도 당황하고 있는 사이 한 아이가 번개처럼 빠르게 과학실 구석에 있던 모래주머니를 가져와 불 위를 덮어버렸다고 합니다. 그 아이 덕분에 큰 사고를 면할 수 있었다고 했습니다. 그 아이는 ADHD가 있는 아이로 그 반에서 가장 힘든 아이였다고 합니다. 선생님 말을 가장 안 듣고 말썽만 부리던 아이가 불을 끄는 엄청난 일을 해낸 모습을 보게 된 것입니다.

그때부터 선생님은 이 아이가 다르게 보이기 시작했다고 합니다. 말썽쟁이가 아닌 훌륭한 아이로 보이기 시작한 것입니다. 그저 선생님의 시선이 바뀌었을 뿐인데 아이는 학교생활을 이전보다 더 잘 해내기 시작했다고 합니다. 그때의 경험으로 선생님은 아이들의 긍정적인 면을 보는 것이 얼마나 중요한 일인지 깨닫게 되었다고 합니다. 더 빨리 이 사실을 깨달았으면 더 많은 아이들의 성장을 볼 수 있었을 것이라며 아쉬워했다고 합니다.

톰 하트만은《ADHD, 농경사회의 사냥꾼》이라는 책을 쓴 작가이자 저널리스트로 유명합니다. 자신의 자녀가 ADHD가 있다고 밝힌 톰 하트만은 ADHD를 자연의 적응적 특성으로 보아야 한다고 주장합니다. 장애의 관점에서 ADHD는 산만하고, 주의 지속시간이 짧고, 계획적이지 않고, 참을성이 없고, 지시를 따르지 못하고, 백일몽을 꾸고, 결과를 고려하지 않고 행동하고, 사회적 품위가 부족하다고 말합니다. 하지만 사냥꾼의 관점에서 ADHD는 주변 환경을 끊임없이 살피고, 순식간에 상황을 감지하여 추격에 뛰어들 수 있고, 유연하게 전략을 빠르게 바꾸고, 시각적, 구체적 사고를 하고, 새로운 아이디어가 많고, 위험에 맞서는 의지와 능력이 있다고 말합니다.

ADHD를 사냥꾼의 기질이라는 관점에서 보니 엄청난 강점을 가진 사람들로 보입니다. 앞의 일화에 나온 과학실 화재를 진압한 아이도 바로 사냥꾼의 기질을 가지고 있었던 것입니다. 농부들의 세계에서는 사냥꾼이 이상해 보이겠지만, 그 편견을 내려놓고 사냥꾼의 긍정적인 면을 보게 되면 훌륭한 아이들로 보입니다.

나는 하늘이가 어려움이 있는 친구도 잘 도와주는 선한 아이라는 것을 알게 되었습니다. 하늘이는 사고를 쳤지만 친구의

 모든 교실은 신경다양성 교실이다

휠체어를 끌어주며 책임을 다하였습니다. 수학 시간에 파견근무를 하며 친구를 도왔습니다. 장애가 있는 친구와 항상 동행해주었습니다. 내가 아이의 긍정적인 면에 집중했을 때 하늘이는 변화하기 시작했습니다.

하늘이도 그랬듯이 ADHD가 있는 아이들은 우선 정확한 의학적 진단을 통해 아이의 다름과 어려움을 파악하고 적절한 의학적 치료를 받는 것이 중요합니다. 또, 그만큼이나 이 아이들의 교육을 담당하는 교사와 부모들은 아이들의 강점에 집중하는 것이 중요합니다. 그래야 이 아이들도 비로소 성장할 수 있습니다.

학습보다 정서가 먼저

앞서 신경다양성 교실은 인지교육보다 비인지교육이 먼저라고 강조한 바 있습니다. ADHD가 있는 아이들에게도 비인지교육이 보다 중요합니다. 하지만 대부분의 사람들은 ADHD가 있는 아이들의 정서교육보다는 학습에 대해 더 큰 관심과 걱정을 나타냅니다. 이 아이들의 학습능력이 여느 아이들과 다르지 않다고 생각하기 때문입니다. 그러니 학교에서 공부에 집중하지 못하는 것만을 문제 삼고 어떻게든 공부를 시켜보려고 합니다.

하지만 ADHD가 있는 아이들은 안정적인 정서가 바탕이 되어야 비로소 공부도 할 수 있습니다. 나는 하늘이가 심리적 안정을 찾을 때까지 기다렸습니다. 그 기다림 끝에 하늘이는 밝고 생기가 넘치는 아이로 변하였습니다. 변한 하늘이를 우리 반 아이들 모두가 칭찬해 주었고 환영해 주었습니다. 함께 어울려 놀기 시작했습니다. 그렇게 정서와 관계의 안정을 찾고 나서야 하늘이는 공부에 집중할 수 있었습니다.

일본 작가 구로야나기 테츠코의 《창가의 토토》라는 책은 신경다양성 아이들에 대한 고전과 같은 책입니다. 이 책의 작가인 테츠코는 1933년생이고 책은 1984년에 나왔는데, 작가의 자전적 성장 소설입니다. 구순을 넘긴 테츠코 작가는 유명한 방송인이라고도 합니다. 40여 년 전에 쓰여진 이 책이 지금까지도 베스트셀러인 것도 놀랍지만 이 책의 배경이 되는 시대가 1930년대 후반에서 1940년대 초반으로 우리나라 일제강점기 시대였다는 것도 놀라웠습니다. 일제강점기 때 우리나라에서는 교실에서 총칼을 겨누던 일본이 자국에서는 이렇게 아름다운 교육을 하고 있었다는 사실이 좀 씁쓸하기도 했습니다.

《창가의 토토》는 ADHD가 있는 토토와 대안학교인 도모에 학교 이야기입니다. 그 옛날에 이렇게 멋진 신경다양성 학교가 실제로 존재했다는 사실이 신기하기만 했습니다. 주인공 토토는

　　　　모든 교실은 신경다양성 교실이다

늘 창밖만 바라보고 교실에서 제멋대로 행동해서 퇴학을 당합니다. 그래서 엄마와 새로운 학교에 찾아가게 됩니다. 그 학교가 바로 도모에 학교입니다. 전교생 50명의 도모에 학교는 낡은 전철을 개조해 교실로 사용하는 특별한 학교였습니다. 이 학교가 특별했던 건 전철 교실 때문만이 아니라 고바야시 교장 선생님이 계셨기 때문입니다. 고바야시 교장 선생님의 특별한 교육은 지금 봐도 아주 혁신적인 신경다양성 교육이라고 볼 수 있습니다.

도모에 학교에는 특별한 아이들이 다니고 있었습니다. 토토처럼 ADHD가 있는 아이, 키가 자라지 않는 아이, 소아마비인 아이, 과학에 천재적인 재능을 가진 아이 등등…. 도모에 학교에서 이 특별한 아이들은 타인의 시선에 상처받지 않고 자유롭게 자신만의 재능을 꽃피우며 살아갑니다. 도모에 학교 수업은 일제식 수업을 하지 않습니다. 시간표도 없습니다. 단지 선생님이 칠판에 하루에 공부할 내용을 죽 쓰면 자기가 하고 싶은 과목부터 자유롭게 공부를 합니다. 선생님은 도움을 청하는 아이들에게 도움을 주는 식으로 공부합니다.

그렇게 공부시간이 끝나면 들로 산으로 산책을 나가 자연과 함께합니다. 자연에서 과학공부를 하고, 자연 속에서 온몸으로 음악적 감각을 느끼며 음악공부도 합니다. 여름이면 전교생과 캠핑도 하고 밤에 담력훈련도 합니다. 고바야시 교장 선생님

은 하루 종일 사고를 치는 토토에게 '넌 사실은 참 착한 아이야.'
라는 말을 해줍니다. 그 말씀 덕분에 작가는 지금까지 자신은 좋
은 사람이라고 생각하며 살았다고 합니다.

고바야시 교장 선생님은 토토가 이 학교로 전학 왔을 때 호
기심이 넘치는 토토가 어떤 일을 하든 내버려 두었습니다. 정화
조의 오물을 퍼내고 있어도 "네가 다시 정리해 놓거라."라는 말
씀만 하시고 그 자리를 떠납니다. 야단맞을 줄 알았던 토토는 그
말씀에 더욱 책임감 있는 아이로 자라납니다. 그런 시간을 거쳐
토토도 친구들에게 도움을 줄 수 있는 어엿한 도모에 학교 학생
이 됩니다. 선생님의 믿음과 기다림 덕분에 토토는 자기조절력
이 생길 수 있었던 것입니다.

앞에서도 소개했었던 크리스 메르코글리아노의 《가만히 있
지 못하는 아이들》도 신경다양성 아이들과 함께하는 미국의 대
안학교 이야기입니다. 이 학교에도 심각한 ADHD를 보이는 아
이들이 전학을 옵니다. 프리스쿨 선생님들 또한 도모에 학교 교
장 선생님처럼 아이들의 정서를 먼저 돌보고 공부할 준비가 될
때까지 기다려줍니다.

행복하고 정서적으로 균형 잡힌 아이들은 얼마든지 배우고 남들
과 교감하고 합리적인 권위에 승복한다. 그러나 행복하지 못하고

　　　　　모든 교실은 신경다양성 교실이다

정서적으로 균형이 깨진 아이들은 그 반대다. 균형이 깨진 아이의 문제를 단지 뇌의 화학적 이상으로 치부하는 것은 인간의 이성 자체를 무시하는 처사다. 획일화로 가는 지름길이다. 기계적이라 편리하겠지만 비과학적인 접근법이기도 하다.

• 출처: 크리스 메르코글리아노, 《가만히 있지 못하는 아이들》.

프리스쿨 선생님들은 에너지가 유난히 많은 아이들을 교과과정에 억지로 끼워 맞추려고 하지 않았습니다. 이 아이들이 하고 싶은 행동을 마음껏 하게 놔두었고 공부에 호기심을 보일 때까지 기다렸습니다. 아이들이 놀다 지쳐 공부하겠다고 선생님을 찾아오면 기쁘게 환영해 주었습니다. 그리고 다른 아이들과 함께 공부하기 위해서는 책임 있는 행동을 해야 한다는 것을 확실하게 가르쳐주었습니다. 그러자 아이들이 변하였습니다.

아이들은 주변 사람들에게 지지받고 공감받고 인정받을 때 비로소 긍정적인 정서가 형성됩니다. 긍정의 뇌가 만들어지는 것입니다. 그렇게 정서적인 안정이 된 아이들은 자연스럽게 자기조절력이 생기고. 자기조절력이 생긴 아이는 당연히 타인과의 관계맺기도 좋아집니다. 그러고 나서 마지막으로 생기는 것이 바로 학습동기입니다. 그것이 바로 ADHD가 있는 아이들의 내면과 정서를 돌보는 일을 공부보다 선행해야 하는 이유입니다.

전두엽 발달을 촉진하는 신경다양성 교실

ADHD가 있는 아이들은 전두엽 발달의 지연을 가지고 있다고 하였습니다. 그러나 이 아이들도 느리지만 전두엽 발달을 하고 있기 때문에 신경다양성 교실에서 전두엽 발달을 촉진하는 교육활동을 지속한다면 큰 도움이 될 것입니다.

이유남 교장 선생님은 《엄마 반성문》이라는 책에서 전두엽을 활성화하는 교육활동을 소개하고 있습니다. 이유남 교장 선생님의 두 자녀는 고등학교에서 전교 일등을 하는 남매였습니다. 모든 사람들의 부러움을 샀습니다. 그런데 어느 날 전교 일등 남매가 모두 고등학교를 자퇴하고 맙니다. 두 아이에게 심각한 마음의 병이 생겨버렸던 것입니다. 아들은 방에서 나오지 않는 은둔형 청소년이 됩니다. 딸은 자해를 시도했습니다. 한순간 삶의 밑바닥까지 내려가 버렸을 때 저자는 그제야 자신의 삶을 되돌아보게 되었다고 합니다. 저자는 병든 자녀를 살리기 위해 코칭 전문가로 새로운 삶을 살게 됩니다. 저자가 자신의 아픈 가족사를 고백하면서까지 이 책을 쓴 이유는 아마도 많은 사람에게 올바른 교육의 방향을 알려주고 싶었기 때문이라고 생각합니다. 저자는 전두엽을 활성화하려면 다음을 기억하라고 합니다.

칭찬, 지지, 존중, 인정해 주기

듣기보다는 말하기, 쓰기

스스로 계획을 세우고 시간 관리하기

자연에 머물기

창의적인 생각과 활동하기 등

냉정하게 우리 교육의 현실을 들여다보면 위에서 말한 전두엽 활성화와는 정반대의 교육을 하고 있는 것 같습니다. 많은 아이들이 잘하고 있는 것에 대한 칭찬보다는 못하는 것에 대한 지적을 더 많이 받고 자랍니다. 자신의 감정이나 의견을 표현하는 말하기와 쓰기 활동보다는 일방적으로 듣고 외우는 학습을 여전히 더 많이 합니다. 스스로 계획을 세우고 시간 관리하는 아이들을 나는 별로 본 적이 없습니다. 모두 부모님이 짜준 스케줄에 아이들은 그대로 따라야 합니다. 요즘 아이들은 자연에 머물 시간이 없습니다. 방과 후에 학원투어를 하고 집에 오면 어느덧 저녁 시간이 됩니다. 창의적인 생각을 하려면 혼자서 멍하게 있는 시간이 필요합니다. 하지만 아이들에겐 그런 시간조차 허락되지 않습니다.

유·초·중·고등학교의 교육이 대학입시로 귀결되는 우리나라 교육 현실은 아이들의 뇌를 발달시키기는커녕 망치는 교육을 하고 있다고 생각합니다. 4세 고시, 7세 고시, 초등 의대반 등 기형적인 일들이 교육이라는 명목으로 생겨나고 있는 것이 우리의 현실입니다. 무엇이 우리 아이들의 뇌를 잘 발달시키는 교육인지 진지하게 생각해 봐야 합니다.

하늘이 엄마는 많은 대치동 학원을 보내며 전두엽을 발달시키는 교육이 아니라 발달을 지연시키는 교육을 했던 것입니다. 하늘이 엄마가 하늘이에 대한 높은 기대를 내려놓자 아이는 더 건강하게 성장할 수 있었습니다. 부모의 욕심을 내려놓고 자녀의 신경다양성을 존중해주자 오히려 아이는 더 편안해졌고 더 높은 집중력을 발휘했습니다. 전두엽을 발달시키는 교육은 아이의 다름과 자율성을 존중하는 교육이라고 생각합니다.

이유남 교장 선생님이 말씀하신 전두엽을 활성화하는 교육은 비단 ADHD가 있는 아이들만을 위한 교육이 아닙니다. 모든 아이들의 뇌발달을 촉진할 수 있는 교육입니다.

칭찬, 지지, 존중, 인정이 넘치는 교실에서 아이의 뇌는 활성화됩니다. 성장 마인드셋은 이러한 교실에서 자연스럽게 형성됩니다. 반대로 지적받고, 통제받고, 강요받는 아이들의 뇌는 위축될 수밖에 없습니다. 신경다양성 아이들, 특히 ADHD가 있는 아이들의 왕성한 호기심과 잠재력을 강점으로 바라보고 공감해 줄 때, 비로소 이 아이들의 성장이 시작됩니다.

말하기와 쓰기가 뇌 발달에 도움이 된다고 합니다. 듣기와 읽기는 수동적 배움입니다. 물론 수동적 배움도 꼭 필요한 과정이지만 말하기와 쓰기의 표현적 배움 즉, 능동적 배움이 전두엽 활성화를 이끌어 냅니다. 신경다양성 아이들에게 서툴더라도 자신을 표현할 수 있는 기회를 충분히 준다면 뇌 발달을 촉진할 수 있습니다.

스스로 계획을 세우고 시간 관리를 해보는 경험은 전두엽의 실행기능을 키우는 핵심활동입니다. 전두엽의 실행기능이 바로 스스로 계획을 세우고 끝까지 해내는 능력입니다. 신경다양성 아이들에게 자율성을 부여하면 처음엔 어설프겠지만 시행착오를 거치며 스스로 해낼 수 있는 힘을 기르게 됩니다.

《신경다양성 교실》에서도 강조했듯이 ADHD가 있는 아이들은 자연에서 실컷 뛰어놀 수 있는 '녹색시간'이 보장되어야 합니다. 녹색시간이 주어지는 것만으로도 사냥꾼의 기질을 가진 아이들의 움직임 욕구가 충족되고 뛰어난 창의성도 발휘될 수 있습니다.

신경다양성 교실에서 전두엽 활성화 교육을 실천할 때 모든 아이들이 건강한 발달을 할 수 있을 것이라 믿습니다.

바다 이야기

바다 이야기

바다와의 만남

바다는 내가 4학년 담임을 했을 때 만났던 예쁜 여학생입니다. 뽀얀 피부에 동그란 눈, 예쁜 이마를 가진 똑단발머리 여자 아이였습니다. 처음에 봤을 때 얼마나 예쁘던지 꼭 아역배우 같았답니다. 그래서 바다에게 "너 혹시 TV에 나오는 배우니?"라고 물으니 아니라면서 웃었습니다.

이렇게 예쁜 바다가 VIP 학생으로 진급을 했습니다. VIP는 교사들끼리 쓰는 은어인데 유독 교사의 사랑과 관심이 많이 필요한 학생을 뜻합니다. 보통 생활지도에 어려움이 있는 아이들

 모든 교실은 신경다양성 교실이다

인 경우가 많습니다. 이 아이들을 VIP 고객님처럼 더 많이 챙겨주고 사랑해 주자라는 의미로 쓰기 시작한 것입니다. 나는 바다의 3학년 담임 선생님께 전화해 왜 바다가 VIP인지 물어보았습니다.

선생님은 3학년 때 바다가 친구들과 갈등이 많았다고 했습니다. 고집을 너무 부려서 모둠 활동이 잘 안 될 때가 많고, 툭 하면 삐치고 울어서 난감할 때가 많았다고 합니다. 수업에 집중을 못 하는 모습도 자주 보였다고 합니다. 올해 나의 사랑과 관심을 듬뿍 받을 것을 생각하니 너무 기쁘다는 덕담도 남겨주셨습니다. 나는 바다를 유심히 관찰해보기 시작했습니다.

3월 첫날 수업을 하고 나서 나는 바다가 신경다양성 아이라는 것을 바로 알 수 있었습니다. 첫날은 보통 자기소개를 합니다. 아이들은 내가 나누어준 활동지를 다 한 후 검사를 받고 쉬는 시간을 가졌습니다. 그런데 바다는 자기소개 활동지를 검사받지도 않았는데 자리에 없었습니다. 어디에 있나 찾아보니 교실 뒤편에서 아이들과 보드게임을 하면서 놀고 있었습니다.

나는 바다에게 다가가 활동지를 다 했냐고 물었습니다. 바다는 "저는 지금 놀고 싶은데요. 지금 쉬는 시간이잖아요." 이렇게 대답을 하였습니다. 바다는 다른 아이들도 다 쉬니까 자기도 쉬어야 한다면서 활동지를 안 하겠다고 했습니다. '아, 이 독특한 반응은 뭐지?' 나는 좀 의아했습니다.

　그 활동지는 정말 쉬운 활동지였고 완성하는데 5분도 채 걸리지 않는 내용이었습니다. 그래서 나는 바다에게 다른 아이들은 활동지를 다 하고 나서 쉬는 거라고 했고, 너도 얼른 하고 쉬라고 했습니다. 그랬더니 입을 삐죽 내밀고 자리에 와서 활동지를 대강 해치우고 검사를 받았습니다. 나는 잘했다고 칭찬을 해 주었습니다. 바다는 이렇게 활동지를 시간 안에 다 끝내지 못할 때가 많았습니다. 그리고 주변 아이들의 작은 몸짓에도 금방 주의가 산만해져서 수업에 집중하지 못했습니다.

　바다는 친구 관계에서도 어려움이 많아 보였습니다. 바다는 여학생들과 잘 놀지 못했습니다. 여학생들은 남학생들보다 많이 성숙합니다. 4학년이지만 벌써부터 사춘기의 모습이 나타나는 친구들도 있습니다. 여학생들은 서로에 대한 공감과 주고받기를 잘해야 친구가 됩니다. 나도 여자이지만 여자들의 세계는 애들이나 어른이나 참 복잡미묘합니다. 친구의 표정도 살펴야 하고 자신의 말에 친구가 어떻게 반응하는지도 잘 파악하면서 대화를 해야 합니다. 그래야 관계를 유지해 나갈 수 있습니다. 그런데 바다에겐 이런 과정이 너무 어려운 것 같았습니다.

　그래서 바다는 늘 남학생들과 단순한 놀이를 하면서 놉니다. 잡기놀이나 알까기를 하면서 놀았습니다. 그런데 우리 반에

　　　　　　　모든 교실은 신경다양성 교실이다

는 바다와 다섯 살 때부터 친구인 소망이가 있었습니다. 소망이는 아주 외향적인 여학생이었는데, 바다와 자주는 아니지만 가끔 만나서 놀기도 하는 사이였습니다. 소망이가 바다의 유일한 여자 친구였습니다.

어느 날 아침, 등교를 한 바다가 나에게 작은 포켓몬 딱지를 보여주었습니다. 나는 "이렇게 작은 포켓몬 딱지도 다 있네."라고 했더니, 바다는 자기 거라면서 자랑스러워했습니다. 그러더니 내 휴대폰으로 포켓몬 딱지 사진을 찍어서 자기 휴대폰으로 보내달라고 했습니다. 나는 그렇게 하겠다고 했고, 사진을 찍어서 바다의 휴대폰으로 보냈습니다.

그날 점심시간에 소망이가 씩씩거리며 나에게 왔습니다. 바다가 자기의 포켓몬 딱지를 잃어버려놓고 자기와 절교하자고 했다는 것입니다. 나는 그게 무슨 말이냐고 소망이에게 물었습니다. 바다가 포켓몬 딱지를 자기 허락도 없이 가져가 놓고 체육관에서 체육수업을 할 때 잃어버렸다고 합니다. 그래서 소망이가 바다에게 포켓몬 딱지를 찾아내라고 했더니 바다가 뜬금없이 절교하자고 했다는 것이었습니다. 아니 이런 뚱딴지같은 반응을 하다니… 여기에서 절교가 왜 나오지? 아침에 바다가 나에게 자랑했던 딱지가 소망이의 것이었습니다.

나는 바다를 불러 소망이에게 절교하자는 말을 하는 것이 아니라 미안하다고 사과를 해야 한다고 말했습니다. 그랬더니 바다는 소망이가 자신에게 화를 내서 절교하자고 말한 거라고 합니다. 바다는 이 상황과 맥락을 잘 파악하지 못하고 있었고, 적절한 사회적 반응도 하지 못하고 있었습니다. 그래서 나는 바다에게 얼른 소망이에게 가서 사과하고 체육관에 포켓몬 딱지를 같이 찾으러 가자고 말하라고 했습니다. 만약에 못 찾으면 엄마에게 말해서 똑같은 딱지를 사서 소망이에게 주어야 한다고도 했습니다.

바다는 소망이에게 다가가 내가 가르쳐준 대로 말하였습니다. 그랬더니 소망이도 마음이 풀렸는지 바다와 함께 딱지를 찾으러 체육관에 갔습니다. 잠시 후 두 아이가 손을 잡고 흔들면서 교실로 돌아왔습니다. 포켓몬 딱지를 찾았다면서 말입니다. 그리고 언제 그랬냐는 듯 두 아이는 또다시 까르르 웃으면서 놉니다.

바다 엄마와의 만남

나는 며칠 동안 바다를 관찰한 결과를 바탕으로 빨리 바다의 엄마를 만나야겠다고 생각했습니다. 나는 바다 엄마에게 전화해 학교로 방문해 달라고 했습니다. 바다 엄마는 다음날 바로 오셨습니다. 바다 엄마는 잔뜩 긴장한 얼굴로 교실에 들어오셨습니다. 나는 바다가 참 예쁜 아이라고 칭찬했습니다. 아역배우인 줄 알았다고 했습니다. 바다 엄마는 긴장이 풀렸는지 옅은 미소를 지으셨습니다.

나는 바다 엄마에게 그동안 관찰한 내용을 말씀드렸습니다. 그리고 조심스럽게 바다가 경계선 지능이 의심된다고 말씀드렸습니다. 바다 엄마가 혹시라도 나의 말을 언짢게 들으실까 봐 걱정되었습니다. 바다 엄마는 아무 말씀이 없으셨습니다. 그러다 흐느껴 울기 시작했습니다. 한참 동안 눈물을 흘리던 바다 엄마가 겨우 감정을 추스르고 말씀하셨습니다. 사실 지난 2월에 병원에서 진단을 받았다고 했습니다. 바다 엄마는 지난 학년 담임 선생님들로부터 바다가 학교생활에 어려움을 보인다는 이야기를 들었던 터라 큰마음을 먹고 겨울방학에 병원에 방문했다고 합니다. 병원에서 바다는 경계선 지능과 조용한 ADHD 진단을 받았다고 합니다.

바다 엄마는 경계선 지능이라는 말을 처음 들어보았고, ADHD 진단까지 받아서 많이 당황했다고 했습니다. 주변에 이 사실에 대해 의논할 사람도 없어서 그동안 마음고생을 하면서 지냈던 것입니다. 그러다 내가 먼저 말을 꺼내자 바다 엄마는 참았던 눈물을 쏟아내신 것입니다. 바다 엄마는 바다를 어떻게 키워야 할지 모르겠다고 말씀하시면서 또 우셨습니다.

우리가 바다를 도와주고 북돋아 주면 잘 클 거라고 말씀드렸습니다. 사람들 중에는 자신이 경계선 지능인지도 모르고 평생을 살아가는 사람들이 많습니다. 아직 바다는 어리기 때문에 얼마든지 가능성이 있고 경계선 지능이어도 아무 문제 없이 잘 클 수 있다고 말씀드렸습니다.

바다 엄마는 좋은 분이셨고 다행히 나의 말을 잘 받아들여 주셨습니다. 나는 바다 엄마가 아주 훌륭한 협력자가 될 수 있을 거라 생각했습니다. 일단 아이에 대한 정확한 진단을 받았고 병원치료도 적극적으로 받고 있어서 바다 엄마와 나는 교육에만 집중하면 되었습니다.

바다 엄마는 바다가 진단을 받은 후 많은 치료실에 아이를 보내기 시작했다고 합니다. 학원과 치료실까지 방과 후 스케줄이 빡빡했습니다. 바다가 너무 힘겨워 보였습니다. 나는 바다 엄마에게 바다의 치료실과 학원을 줄였으면 좋겠다고 했습니다. 바다가 원하는 것만 남기고 다 정리하는 것이 좋을 것 같다고 했습니다. 치료실과 학원에 보내는 대신 엄마가 바다의 선생님이 돼주면 좋겠다고 말씀드렸습니다. 나는 바다 엄마가 충분히 바다의 전문가가 될 수 있을 것이라고 했습니다. 바다 엄마는 그렇게 하겠다고 했습니다.

     모든 교실은 신경다양성 교실이다

학교와 가정에서 바다를 잘 성장시키기 위해서는, 바다가 경계선 지능이라는 사실을 알게 되었으니 우선 있는 그대로 받아들이는 것이 중요하다고 말씀드렸습니다. 바다의 학교생활 목표를 공부 잘하는 것으로 잡으면 안 된다고 했습니다. 나중에 중·고등학교에 가서도 마찬가지라고 했습니다. 바다가 학교에 즐겁게 잘 다니는 것이 제일 중요하다고 했습니다. 그리고 바다 엄마에게 딱 한 가지만 약속해 달라고 했습니다. 바다와 함께 공부할 때 아이를 혼내거나 윽박지르거나 다그치면 안 된다고 했습니다. 경계선 지능을 가진 아이들에겐 학습 자체보다 공부 정서가 더 중요합니다. 학습에서 좌절의 경험보다 성공의 경험이 더 많아야 공부할 마음이 생기기 때문입니다. 나는 바다 엄마에게 그 약속을 지키지 못할 거면 차라리 치료실에 아이를 보내라고 했습니다. 바다 엄마는 약속을 꼭 지키겠다고 하셨습니다.

나는 바다 엄마에게 인지기능을 높이는 활동과 교과 선행학습을 꾸준히 해보라고 말씀드렸습니다. 먼저 인지기능을 높이기 위해《느린 학습자를 위한 인지훈련 프로그램》이라는 책을 소개해 드렸습니다. 이 책은 기억력, 주의력, 사고력, 집행력과 같은 기초 인지기능을 향상시킬 수 있는 활동으로 구성된 책입니다. 다른 그림 찾기, 미로 찾기, 거꾸로 읽기, 그림 보고 기억하기 등 재미있는 활동이 많습니다. 인지기능은 학습기능의 바탕이 되기 때문에 인지기능 향상 훈련을 하면 학습기능에도 큰 도움이 됩니다. 바다와 함께 매일 20분씩 재밌게 활동을 해보라고 말씀드렸습니다.

그리고 교과 선행학습을 하라고 했습니다. 여기서의 선행학습은 학원에서 하는 문제풀이가 아닙니다. 교과서를 훑어보면서 키워드를 중심으로 미리 예습하는 정도의 선행학습입니다. 경계선 아이들에겐 예습이 아주 효과적입니다. 개념어에 대한 기억만으로도 수업 참여도가 몰라보게 달라집니다. 한 번 들어본 내용이기 때문에 수업시간에 잘 알아들을 수 있고 발표도 하면서 자신감이 생깁니다. 요즘은 과목별로 교과서의 출판사가 모두 다르기 때문에 학교에서 배우는 교과서의 출판사를 확인하고 구입해서 집에 두고 엄마와 함께 선행학습을 하라고 했습니다.

교과 선행학습과 관련하여 체험학습도 자주 다녀보라고 했습니다. 특히 사회과와 관련된 체험학습을 많이 다니면 크게 도움이 될 것이라고 말씀드렸습니다. 3학년 사회에서는 우리 고장의 생활, 4학년에서는 서울의 생활, 5·6학년에서는 역사에 대해 배웁니다. 3학년 같은 경우는 우리 고장의 주요 장소, 4학년에서는 서울의 여러 중심지, 5·6학년 때는 역사 유적지와 관련된 장소로 체험학습을 할 수 있습니다. 바다와 서울의 주요 장소에 체험학습을 다녀오고 사진을 찍어서 나에게 보내달라고 했습니다.

그 사진을 사회시간에 수업 자료로 활용해 보겠다고 했습니다. 바다 엄마는 나의 말을 듣고 바로 실천해 주셨습니다. 인지훈련과 교과 선행학습을 열심히 해주었고 주말마다 아이를 데리고 체험학습도 자주 다녀왔습니다. 바다 엄마는 정말 대단한 분이셨습니다.

바다와 함께

나는 바다의 강점을 찾아보기로 했습니다. 우선 바다는 아주 예쁘게 생긴 여자아이입니다. 예쁜 외모에 잘 웃습니다. 누구든 그런 바다의 모습에 호감을 가질 수밖에 없습니다. 그리고 바다는 솔직하고 순수하고 외향적입니다. 자신을 도와준 남학생들에게도 아낌없는 칭찬을 합니다. 보통 4학년 여학생들은 남학생들을 잘 칭찬하지 않습니다. 여학생들의 발달이 빠르다 보니까 남학생들을 동생처럼 보는 경향이 있습니다. 그런데 바다는 그렇지 않았습니다. 남학생들과 잘 어울리고 재밌게 뛰어놀면서 칭찬도 잘했습니다. 아주 훌륭한 강점이었습니다.

바다는 3학년 때까지 아이스하키 선수였다고 합니다. 4학년인 지금은 아이스하키를 그만두었고 태권도 시범단을 하고 있다고 합니다. 나는 '아! 됐다. 됐어.'라고 속으로 외쳤습니다. 이미 너무나 훌륭한 재능을 발견했으니까요. 이렇게 잘하는 게 많은데 뭐가 걱정이겠습니까? 바다의 운동능력을 잘 살려준다면 바다는 자신의 재능을 꽃피우면서 잘 살 수 있을 것입니다. 나는 바다 엄마에게 바다가 운동하는 모습도 영상으로 찍어서 보내 달라고 했습니다. 친구들과 함께 보겠다고 했습니다.

이렇게 바다의 강점도 알아냈으니 이제 바다를 개별적으로 집중 지원해 보아야겠다고 결심했습니다. 바다 엄마가 인지훈련과 기초학습을 맡아 주었으니 나는 바다의 사회적 기술을 집중적으로 가르쳐보기로 했습니다. 나는 바다를 방과 후에 남겨서 개별수업을 하기로 했습니다. 바다 엄마는 흔쾌히 동의해주셨는데 정작 바다는 나머지 공부는 하고 싶지 않다고 했습니다. 안 그래도 공부가 쉽지 않은 아이인데 내가 남겨서 또 공부를 시킬까 봐 걱정이 되었나 봅니다. 나는 바다에게 선생님과는 공부하지 않을 것이라고 했습니다. 재미있는 이야기도 나누고 게임도 할 거라고 말했습니다. 바다는 안심하면서 그러면 하겠다고 했습니다.

나는 바다와 사회정서교육을 차근차근 해보기로 계획했습니다. 감정 표현과 사회인지, 사회적 기술을 집중적으로 연습해 보기로 했습니다. 사회인지는 타인의 감정, 의도, 상황, 맥락 등을 파악하는 능력입니다. 사회인지가 되어야 적절한 사회적 반응을 할 수 있습니다. 그것이 바로 사회적 기술입니다. 사람들은 보통 사회인지와 사회적 기술은 그냥 자연스럽게 배우는 것이지 따로 가르치는 것이라고 생각하지 않습니다. 하지만 신경다양성 아이들에게는 사회적 기술도 하나하나 가르쳐야 합니다. 상황을 파악하는 연습도 해야 하고 그에 맞는 대화도 연습해 보아야 합니다. 그런 것까지 가르쳐야 하나라는 생각이 들 수도 있습니다. 하지만 신경다양성 아이들은 그런 것까지 가르쳐주어야 합니다. 이 아이들은 자연스럽게 배우기 어렵기 때문입니다. 그런 과정을 통해 사회성이 조금씩 향상될 수 있습니다.

개별수업 첫날 바다는 잔뜩 긴장했습니다. 나는 바다와 감정 카드를 가지고 게임을 했습니다. 감정 단어가 쓰여진 카드 두 세트를 엎어 놓고 똑같은 카드를 찾는 메모리 게임을 했습니다. 바다는 나를 이기고 싶은 마음에 초집중하면서 메모리 게임을 했습니다. 바다가 큰 점수 차로 나를 이겼습니다. 바다는 기분이 좋은지 재밌다고 했습니다. 그다음에는 감정 카드를 하나씩 보면서 그 단어와 관련된 생각이나 있었던 일을 말해보는 시간을 가졌습니다. 생소한 단어는 그 뜻을 쉽게 설명해 주면 바다는 자신의 생각과 경험을 잘 말했습니다. 그리고 나도 바다와 번갈아 가며 감정 카드 단어에 대한 나의 생각을 이야기했습니다. 바다는 나와 단둘이 수다를 떠는 것 같다면서 이 시간을 좋아했습니다.

이렇게 감정 카드로 마음을 열고 나서 사회정서학습을 좀 더 체계적으로 진행하기로 했습니다. 나는 국가기초학력지원센터에서 최근에 개발한 〈초등 사회정서 마음 톡, 함께 톡톡〉이라는 프로그램을 꾸준히 해보기로 했습니다. 국가기초학력지원센터 사이트에는 경계선 지능 학생들을 위한 기초학력향상 프로그램과 사회정서 프로그램들이 잘 개발되어 탑재되어 있습니다. 누구나 무료로 다운로드 받을 수 있습니다. 현직교사들이 연구진으로 참여했기 때문에 아이들에게 꼭 필요한 내용을 가르칠 수 있도록 잘 만들어진 프로그램이 많습니다.

〈마음 톡, 함께 톡톡〉 프로그램은 요즘 트렌드에 맞게 동영상 기반으로 만들어졌습니다. 배우들이 경계선 지능을 가진 아이들이 보일 법한 모습들을 연기하는 동영상을 보고, 다양한 활동을 할 수 있도록 구성되어 있습니다. 바다도 이 영상이 재밌다면서 몇 번이고 다시 보자고 했습니다.

예를 들어 이런 내용이 있습니다. 친구가 시험을 망쳐서 기분이 안 좋은데 그 친구의 기분은 아랑곳하지 않고 오늘 학원을 쉬는 날이니까 빨리 놀러 가자고 합니다. 친구는 기분이 안 좋아서 놀고 싶지 않다고 합니다. 하지만 주인공인 아이는 왜 친구가 안 논다고 하는지 이해가 안 된다고 합니다.

바다는 이 영상을 볼 때마다 너무나 정확하게 이 친구들의 문제점을 파악하여 나에게 흥분하면서 말합니다. "아니, 지금 친구가 이렇게 기분이 안 좋은데 얘는 왜 이렇게 눈치가 없어요?"라고요. 나도 바다의 말에 동의한다고 말하고 이 친구는 참 눈치가 없다고 했습니다. 나는 바다에게 이런 상황에서는 어떻게 말해야 할 건지 물었습니다. 그러면 바다는 아주 교과서처럼 딱 맞게 대답을 잘합니다. 나는 잘했다고 바다를 칭찬했습니다. 그리고 나와 상황극도 재밌게 하면서 연습을 했습니다.

그런데 웬걸요. 현실에서의 바다는 나와 연습했던 사회적 기술을 잘 활용하지 못했습니다. 그 영상에 나온 아이처럼 여전히 친구의 감정을 파악하지 못하고, 자신의 주장만 하고 삐치고 싸우는 일이 좀처럼 줄어들지 않았습니다. 나는 그런 모습을 보면서 좀 실망했습니다. '나랑 그렇게 연습해 놓고 하나도 안 변했잖아.'라는 생각이 들면서 한숨이 났습니다. 마치 콩나물시루에 물을 주는 것 같았습니다. 콩나물시루에 물을 주면 물이 다 빠져나갑니다. 내가 그렇게 열심히 가르쳤는데도 왜 바다는 그대로일까라는 생각을 나도 모르게 하고 있었습니다.

나는 순간 멈칫했습니다. 나는 바다가 천천히 배워나가는 아이라는 사실을 잠시 잊었었던 것입니다. 내 마음대로 바다에 대한 기대를 정해 놓고 바다가 그것에 부응하지 못하고 있다고 여기고 있었던 것입니다. 나의 성급함이 바다에게 전해지면 안 되겠다 싶었습니다. 나는 조급한 마음을 내려놓고 천천히 조금씩 꾸준히 바다를 가르쳐보기로 했습니다.

나는 수업 시간에도 바다를 개별 지원했습니다. 바다는 어떤 활동을 시작하는 데 시간이 걸리는 아이입니다. 다른 아이들은 이미 집중해서 하고 있는데 바다는 딴생각에 빠져있다가 뒤늦게 시작합니다. 그리고 자기만 시간 안에 다 못 끝낸다면서 속상해합니다. 그런 바다를 위해 나는 아이들이 활동을 시작하면 바다에게 제일 먼저 다가가 이 활동을 빨리 시작해야지 이따가 쉬는 시간에 많이 놀 수 있다고 이야기해 줍니다. 그런 작은 촉진만 해도 바다는 과제를 빨리 시작할 수 있었습니다. 그렇게 좌충우돌하며 1학기가 지났습니다.

태권소녀, 부회장이 되다

여름방학이 끝나고 2학기가 되었습니다. 한 달여 만에 본 아이들이 부쩍 자란 것처럼 느껴졌습니다. 바다도 여름방학 동안 하얀 얼굴이 그을어서 더 건강해 보였습니다. 개학 바로 다음 날 학급 임원 선거를 할 예정이라고 아이들에게 안내했습니다. 임원 선거에 나가고 싶은 어린이들은 준비를 해오라고 했습니다. 아침에 등교를 한 바다는 자기도 임원 선거에 나갈 거라면서 준비를 해왔다고 자랑했습니다. 종이에 선거 발표문을 직접 써왔습니다. 나는 잘했다고 칭찬했습니다.

임원 선거 시간이 되었습니다. 아이들은 저마다 준비해온 발표를 했습니다. 드디어 바다의 차례가 되었습니다. 바다는 큰 목소리로 발표문을 다 읽었습니다. 그리고 주머니에서 소품을 꺼냈는데 나무젓가락이었습니다. 바다는 나무젓가락을 부러뜨리더니 "똑 부러지는 부회장이 되겠습니다!"라고 말했습니다. 그 귀여운 퍼포먼스가 얼마나 웃기던지 아이들은 모두 박수를 치며 웃었습니다. 결국 바다는 몰표를 받아 부회장에 당선이 되었습니다. '우와! 바다가 부회장이 되다니….' 아주 좋은 예감이 들었습니다.

바다 엄마는 방학 동안 바다가 태권도 품새대회에 나가서 은상을 수상했다면서 영상을 보내주셨습니다. 바다의 품새 자세는 정말 명품이었습니다. 나는 영상을 보고 또 보고 완전 감동했습니다. 그리고 이거다 싶었습니다. 나는 수업시간에 아이들에게 바다의 품새대회 영상을 보여주었습니다. 다들 태권도를 배운 아이들이라 바다의 품새가 보통이 아니라는 것을 눈치챈 듯했습니다. 바다의 모습을 본 아이들이 "와! 진짜 바다 잘한다!"

라면서 환호해 주었습니다. 나는 아이들에게 바다가 나중에 태권도 국가대표 선수가 되어 이름을 날릴지도 모르니 친하게 잘 지내고 미리 사인도 받아두자고 했습니다. 아이들은 웃으면서 그렇게 하자고 했습니다. 그때 이후로 바다는 우리 반 태권 소녀가 되었습니다.

태권 소녀이자 부회장이 된 바다는 1학기 때와는 완전히 다른 아이가 되었습니다. 친구들이 자신을 인정해 주자 신이 났습니다. 예전 같으면 삐치고 화를 냈을 상황에서 더이상 화를 내지 않고 "흥!" 하고 마는 것이었습니다. 이게 웬일인가 싶었습니다. 작은 것도 자기 마음에 들지 않으면 따지고 울고 고집을 부리던 아이였는데 말입니다. 역시 아이의 긍정적인 면에 집중해 주어야 한다는 것을 느낄 수 있었습니다.

바다는 더욱 의젓해졌습니다. 수업 준비를 맨 꼴찌로 하던 바다가 이젠 제일 먼저 수업 준비를 하고 다른 아이들에게 선생님을 쳐다보라고 소리칩니다. 아이들은 바다가 많이 변했다고 칭찬해 주었습니다. 요즘은 바다가 삐치지 않아서 너무 좋다고 합니다. 그리고 바다는 2학기 때 전학 온 남학생이 잘 적응할 수 있도록 곁에서 많이 도와주었습니다. 그 남학생은 바다를 좋아하는 눈치였습니다. 나는 역시 부회장답다고 칭찬했습니다.

나는 바다에게 이젠 선생님과 나머지 공부를 하지 않아도 될 것 같다고 했습니다. 바다는 왜 안 하냐고 물었습니다. 이젠 바다가 친구들과 너무 잘 지내서 선생님이 안 도와줘도 될 것 같다고 했습니다. 바다는 서운해했습니다. 바다는 선생님이랑 단둘이 이야기 나누는 그 시간이 너무 좋았다고 합니다. 나는 바다를 꼭 안아주었습니다.

집에서 열심히 바다를 지지해 주고 지원해 준 바다 엄마와 즐겁게 학교생활을 잘 해낸 바다가 정말 고마웠습니다. 콩나물 시루에 물은 다 빠져나가지만 콩나물은 쑥 자라있습니다. 바다도 그렇게 성장하고 있었습니다.

경계선 지능 아이들과 함께하는 신경다양성 교실

내가 교사로서 큰 보람을 느끼게 해주는 아이들 중에는 경계선 지능 아이들이 많이 있습니다. 내가 만난 그 아이들은 조금의 관심과 도움만으로도 놀라울 정도로 성장했습니다. 이 아이들은 발전 가능성이 매우 높지만 정작 교육의 사각지대에 놓여 있는 경우가 많습니다. 기초학력 부진이라는 현재의 결과로만 판단하거나, 마치 성장 가능성이 제한된 것처럼 보는 편견이 존재합니다. 이런 편견으로 대하다 보면 결국 현실이 되어 학년이 올라갈수록 또래와의 격차가 벌어지고 맙니다. 이 아이들을 단순히 평균보다 낮은 지능을 가진 아이들로만 단정하기보다 잠재력과 성장 가능성이 높은 아이들로 바라보았으면 좋겠습니다.

 모든 교실은 신경다양성 교실이다

이러한 관점의 전환이 이루어질 때 교육의 가능성도 다양하게
열릴 것입니다.

경계선급 지적기능성

지능지수가 경계선(71~84)에 해당하는 사람들은 전체 인구
의 약 13.59%를 차지합니다.[*] 이를 대입해보면 한 반에 2~3명
은 경계선에 해당할 것입니다. 예전에는 이 아이들에 대해 관심
이 없었습니다. 그저 공부 못하고 눈치 없는 아이들이라고 여겼
습니다. 그러나 지금은 이 아이들도 세심한 특수교육적 지원이
필요하다는 의견이 학자들에게서 지속적으로 나오고 있습니다.

나는 《신경다양성 교실》에서도 썼듯 경계선 지능 아이들도
특수교육대상자가 되어야 한다고 생각합니다. 이 아이들도 경도
의 지적장애 아이들처럼 학업과 적응행동에 어려움이 많습니다.

---

[*] 현대 지능 검사(대표적으로 웩슬러 지능 검사)는 인간의 지능이 정규분포를 따른다는
전제하에 설계된 것으로, 13.59%는 이를 통해 이론적으로 도출되는 수치입니다.
실제 유병률은 환경적 요인, 교육 수준, 사회적 적응에 따라 약간 다를 수 있으나,
학계에서는 통상 인구의 13~14%로 추산합니다.

하지만 지능지수가 경계선급에 속한다는 이유만으로 특수교육 대상자 선정에서 탈락합니다. 경도의 지적장애 아이들과 별 차이가 없는데도 말입니다. 결국 사각지대에 놓이게 됩니다. 이 아이들은 조금의 관심과 지원만으로도 학교생활을 충분히 성공적으로 해나갈 수 있는데 말입니다.

이화여대 명예교수인 박승희 교수님은 〈'경계선급 지적기능성' 통일된 용어 제안 및 교육지원 쟁점과 과제〉라는 연구에서 '경계선 지능'이라는 용어 대신 '경계선급 지적기능성'(Borderline Intellectual Functioning, BIF)이라는 용어를 사용해야 한다고 제안합니다. 경계선 지능은 지능지수 71~84의 범위에 해당하는 사람들을 말합니다. 그런데 경계선 지능이라는 용어는 지능지수의 특정 점수에만 주목하는 경향이 있기 때문에, 측정의 표준오차를 고려한다면 '경계선급'이라는 용어가 더욱 적합하다는 것입니다. 하지만 경계선급에 있는 모든 아이들이 교육지원의 대상이 될 필요는 없다고 합니다. 지적기능성*, 즉 적응행동에도 어려움이 있는 아이들이 지원의 대상이 되어야 한

---

* 지적기능성은 지능(intelligence)보다 더 넓은 개념으로 쓰는 지적 능력을 의미하는데, 학습, 추론, 문제 해결 등의 여러 기술을 포함하는 인지능력을 말합니다.

　　모든 교실은 신경다양성 교실이다

· 출처: 인천광역시교육청, 경인교육대학교 기초학력센터,
〈경계선급 지적기능성 학생의 이해와 지원〉(2023).

다고 합니다. 따라서 '경계선급 지적기능성'이라는 용어를 사용한다면 적절한 교육지원의 의미도 포괄할 수 있을 것이라고 주장합니다. 위의 그림을 참고하면 좀 더 이해가 쉽습니다.

위의 그림에는 지능지수가 똑같이 80이고 15세인 학생 두 명이 있습니다. 두 명의 학생은 같은 지능지수를 가지고 있으나 한 명은 일상생활에 어려움이 별로 없고, 한 명은 많은 어려움이 있습니다. 왼쪽 학생은 앱을 사용하여 책도 읽을 수 있고, 스케줄러도 활용할 수 있으며 분식집에서 키오스크로 음식도 주문할 수 있고, 친구와 만나 노래방에 가서 노래 부르며 놀 수 있습니다. 하지만 오른쪽 학생은 글을 읽을 수 없으며, 분식집에도 혼자

가본 적이 없고, 친구도 없습니다. 이럴 때 우리는 오른쪽 학생이 지적기능성에 어려움이 있다고 말할 수 있습니다. 교육적 지원이 필요한 학생은 오른쪽 학생으로 경계선급 지적기능성을 가진 학생입니다.

그러나 초중등교육법과 여러 조례에서의 공식적인 명칭은 여전히 '경계선 지능'입니다. 이 책에서도 경계선 지능이라는 명칭을 사용하고 있지만, '경계선급 지적기능성'의 의미를 가지고 있다고 이해해 주세요.

이 아이들의 목표는 지능지수를 끌어 올려 평균 범주에 들게 하는 것이 아닙니다. 그렇게 되기도 어렵습니다. 기초학습능력을 길러주고, 공동체에 잘 수용될 수 있는 사회적 기술을 꼼꼼히 가르쳐 주는 것이 목표가 되어야 합니다. 그래야 이 아이들이 학교생활에서 좌절과 실패를 최소화하고 긍정적인 경험을 쌓아갈 수 있습니다.

나는 바다 엄마와 협력하여 바다의 학교생활을 도와주었습니다. 바다 엄마가 인지훈련과 기초학습을 맡아주었습니다. 나는 바다와 사회정서학습을 집중적으로 해나갔습니다. 또래 아이들과 좋은 관계를 맺을 수 있도록 사회적 기술을 익히고 연습하였습니다. 그리고 바다의 강점을 찾아 우리 반 아이들과 함께 격려해 주고 응원해 주었습니다. 바다는 경계선 지능을 가진 신경다양성 아이였지만 행복하게 학교생활을 할 수 있었습니다.

퍼스트 펭귄

나는 인천광역시교육청과 경인교육대학교 기초학력지원센터가 함께하는 '경계선 지능 학생 지원을 위한 전문가 과정'의 슈퍼바이저로 활동하고 있습니다. 열정적인 교사들이 전문가 과정에 지원하여 함께 사례를 나누며 아이들을 성장시키는 역량을 높이고 있습니다. 이 선생님들은 학교에서 경계선 지능 학생을 위한 개별맞춤지원을 하며 아이들의 학교생활을 돕고 있습니다. 나는 운이 좋게도 슈퍼비전 역할을 맡아 선생님들과 함께 이 아이들을 위한 효과적인 지원이 무엇인지 함께 고민하며, 여러 아이들의 사례를 연구할 수 있었습니다. 우리나라에서 최초로 경계선 지능 학생 지원을 위한 전문가 과정이 만들어진 터라 모든 커리큘럼을 선생님들과 새롭게 만들어가야 했습니다.

내가 슈퍼바이저 활동을 하면서 전문가 과정 선생님들을 통해 직간접적으로 만난 경계선 지능 학생들은 30여 명 가까이 됩니다. 이 아이들을 기꺼이 돕겠다고 나선 선생님들의 열의에 감동받았습니다. 전문가 과정 선생님들 중에는 일반교사도 있고 특수교사도 있습니다.

경계선 지능 학생들은 여러 가지 어려움이 많았습니다. 학습에서 어려움뿐 아니라 또래 관계, 정서, 가정환경에서의 어려움까지 아이마다 제각각 나름의 힘든 점이 참 많았습니다. ADHD를 동반한 아이들이 대다수였고, 난독증을 보이는 아이들과 자폐스펙트럼의 모습을 보이는 아이들도 있었습니다. 또한 심리적으로 위축된 아이들이 많았습니다. 모두 신경다양성 아이들이었습니다.

아이들마다 특성도 강점도 요구사항도 다 달랐기 때문에 우리는 창의력을 발휘하여 이 아이들을 개별지원하기로 했습니다. 하지만 큰 틀은 비슷했습니다. 정서와 사회성 지원을 우선으로 하고 인지기능, 교과학습, 난독, 난산 등 개별적 요구에 맞는 지원을 하기로 했습니다. 선생님들은 나름대로 개별맞춤지원 수업 계획을 수립해 나갔습니다. 개별맞춤지원 수업에서 가장 중요한 것은 아이들의 강점을 찾아주는 것이었습니다.

한 선생님은 2학년 여학생을 맡게 되었는데, 그 여학생은 발레리나를 꿈꾸는 예쁜 아이였습니다. 말도 잘하고 발레도 잘하는 아이였는데 수 개념이 거의 없었습니다. 뛰어 세기, 거꾸로 세기도 안 되는 아이였습니다. 선생님은 여러 가지 교구를 가지고 와서 아이와 수학 공부를 했습니다. 하지만 아이는 선생님과 함

     모든 교실은 신경다양성 교실이다

께하는 수학 공부에 흥미를 보이지 않았습니다. 그래서 선생님이 아이디어를 내셨습니다. 이 아이와 함께 발레 동작을 하면서 수를 가르치기로 했습니다. 아이는 자기가 좋아하는 발레 동작을 하면서 수를 배우니 금세 뛰어 세기를 할 수 있었습니다. 이 선생님은 특수교사였는데 발레리나처럼 참 예쁜 선생님이었습니다. 예쁜 선생님과 예쁜 여학생이 함께 발레를 하는 모습이 한 폭의 그림처럼 눈에 그려졌습니다.

한 선생님은 6학년 남학생을 맡게 되었습니다. 이 아이는 자폐스펙트럼의 모습을 보였습니다. 친구와 거의 어울리지 못하고 가정에서도 매일 똑같은 루틴을 반복했다고 합니다. 학교에 다녀와서 늘 같은 시간에 육개장 사발면을 간식으로 먹는다고 합니다. 하루라도 그 루틴을 지키지 않으면 엄마에게 화를 낸다고 합니다. 이 아이가 자폐스펙트럼의 모습을 보이지만 선생님은 아이의 성실함과 좋은 기억력이라는 강점을 살리기로 했습니다.

선생님은 학급 친구들에 대한 특징을 한 가지씩 알아 오도록 숙제를 내주었습니다. 이 아이는 선생님의 과제를 열심히 했습니다. 선생님과 만날 때마다 친구 두 명의 특징을 알아 와서 선생님에게 설명해 주었습니다. 6학년을 마칠 때쯤에는 학급 모든 친구들의 특징을 말할 수 있었습니다.

중학생이 되어서도 이 학생을 계속 지원해 주었는데 학교에서 사자성어 외우기 대회를 했다고 합니다. 선생님은 이 아이가 기억력이 좋아서 잘 해낼 수 있을 것이라고 생각하고 아이와 열심히 대회를 준비했습니다. 아이는 최우수상을 받았습니다. 사자성어 외우기 대회에서 얻은 자신감으로 영어 단어 외우기도 도전하여 잘 해내고 있다고 합니다.

또래 관계에서는 6학년 때 보다 좀 더 높은 수준의 과제를 내주었습니다. 학급 친구와 스몰토크를 하는 미션을 내주었습니다. 물론 스몰토크도 선생님과 함께 연습했습니다. 성실한 이 아이는 스몰토크 미션을 수행하면서 처음으로 친구를 사귈 수 있게 되었습니다. 초등학교에서 중학교로 가는 전환기에 선생님을 만나 이 아이는 일취월장 성장했고, 성공적으로 중학교 생활에 잘 적응할 수 있었습니다. 이 아이의 부모님이 정말 기뻐하셨다고 합니다. 아이는 선생님의 권유로 중학교에 가서 자폐스펙트럼장애 진단을 받고 특수교육대상자가 되었다고 합니다. 부모님도 그제야 아이의 다름을 기꺼이 받아들이며 편안해졌다고 합니다.

이번에는 좀 더 복잡한 문제를 가진 아이를 맡은 선생님이 있었습니다. 이 아이는 4학년 여학생이었는데 도벽이 있었습니다. 학교 주변 무인 상점에서 물건을 훔치다 여러 번 걸렸습니다. 학교로 경찰관이 찾아오기도 했고, 경찰서에서 연락도 자주 받았다고 합니다. 문제는 이 아이의 부모님이 이 일에 대해 별로 신경 쓰지 않는다는 사실이었습니다. 이혼 가정이었고 부모님 모두 아이와 함께 경찰서에 동행하고 싶어 하지 않는다고 했습니다. 아이는 엄청난 일을 저질러 놓고도 부모님께 제대로 된 훈육조차 받지 못했던 것입니다. 결국 이 선생님이 아이를 데리고 경찰서에 다녀왔습니다.

아이는 말도 잘하고 눈치도 빠르고 친구들과도 잘 어울렸습니다. 누적된 학습결손으로 공부는 못했지만 나름대로 눈치껏 학교생활을 잘 해내고 있었습니다. 이렇게 사회적 기술도 나쁘지 않은 아이가 왜 이런 도벽이 생겼을까요? 아이는 사회적 규범에 대한 인식이 거의 없었습니다. 가정에서 돌봄을 받지 못하다 보니 너무 쉽게 나쁜 길로 빠져버린 것이었습니다. 선생님은 아이를 깊게 만나면서 아이의 아픔에 대해 알게 되었습니다. 선생님은 아이의 심장에 마치 구멍이 뚫린 것같이 느껴진다고 말씀하셨습니다. 그리고 한참을 흐느껴 우셨습니다. 우리는 모두 같이 울었습니다. 선생님의 힘겨움과 아이의 아픔이 느껴졌습니다.

우리는 선생님이 이 아이의 안전지대가 되어 주면 좋겠다고 말씀드렸습니다. 정붙일 곳이 없어 이 지경이 되어버린 아이에게 선생님의 따뜻함이 꼭 필요하다고, 선생님의 안전지대에서 아이의 뚫린 심장이 메꾸어질 수 있을 것이라고 말씀드렸습니다.

선생님은 힘들었지만 아이에게 사랑과 관심을 쏟았습니다. 그럼에도 아이는 여전히 사고를 쳤습니다. 학급 친구의 물건에 손을 댄 것입니다. 선생님은 실망하고 좌절했습니다. 그런데 이번에는 아이의 반응이 달랐습니다. 선생님이 실망한 모습을 본 아이가 오열하면서 울었다는 것이었습니다. 다시는 그러지 않겠다면서 선생님에게 약속했다고 합니다. 아이는 서서히 달라졌습니다. 선생님과 함께하며 마음의 안정을 찾았고 더이상 문제를 일으키지 않았습니다. 그리고 부족한 교과공부도 선생님과 열심히 해나갔습니다.

이외에도 선생님과 아이들의 이야기는 한가득입니다. 어린 아이들이 무슨 사연이 그렇게도 많은지 우리는 놀랐습니다. 이 아이들은 경계선 지능이라는 단순한 특징만 가지고 있지 않습니다. 가정에서의 문제, 심리 정서적 문제 등도 복합적으로 가지고 있는 신경다양성 아이들이어서 이 아이들을 지원하는 일은 결코 쉬운 일이 아닙니다. 선생님들은 아이들의 아픔에 함께 공명해야 하기도 했습니다. 그래서 선생님들도 정신적으로 신체적으로 아팠습니다. 그럼에도 이 아이들과 끝까지 함께해 준 선생님들이 너무나 존경스럽고 고마웠습니다.

나는 우리 선생님들이 '퍼스트 펭귄'이라고 말씀드렸습니다. 퍼스트 펭귄은 무리가 먹이를 찾아 나설 때 바다사자, 범고래, 바다표범 등 천적의 위험이 있는지 알아보기 위해 죽음의 두려움을 극복하고 먼저 바다에 뛰어드는 펭귄을 말합니다. 불확실하고 위험한 상황에서 용기를 내어 먼저 뛰어드는 도전자, 선구자라는 뜻입니다. 퍼스트 펭귄이 혼자 바다에 뛰어들었을 때 피가 낭자하면 나머지 펭귄들은 그 바다에는 들어가지 않습니다. 퍼스트 펭귄이 천적에게 잡아먹힌 것이기 때문입니다.

이 선생님들은 모두 학급담임을 맡고 있었습니다. 그 일만으로도 교사들은 버겁습니다. 그럼에도 경계선 지능 아이들을 위해 에너지와 시간을 내어 집중적인 지원을 개별적으로 해주었습니다. 매일 피 땀 눈물로 하루를 보냈지만 선생님들의 노력에 아이들은 달라지고 있었습니다. 한 선생님은 이렇게 말씀하셨습니다. 이 아이들을 만나는 일이 결코 쉽지 않지만, 아이를 향한 자신의 따뜻한 지지와 이해가 분명히 이 아이에게 살아갈 힘이 되어 줄 것이라 믿고 기쁜 마음으로 아이들을 만난다고 하였습니다. 그래서 우리는 이 노력을 멈출 수 없다고 했습니다. 퍼스트 펭귄 선생님들이 계시기에 다른 선생님들도 힘을 낼 수 있을 것입니다. 경계선 지능 아이들이 더이상 경계에 머물지 않게 함께 노력해줄 선생님들이 더 많아질 것이라고 생각합니다. 그리고 이 아이들을 위한 맞춤지원시스템도 안착될 수 있기를 바랍니다.

위 사례에서도 보았듯이 경계선 지능 아이들은 '경계선 지능'이라는 공통점만 있을 뿐, 특성과 요구, 처한 상황도 매우 다양했습니다. 그래서 개별맞춤지원이 필요했던 것입니다. 개별맞춤지원은 전문가 과정 교사가 담당했지만 학생이 소속된 학교의 교사들과 지역사회와의 협력도 필요했습니다. 특히 담임 선생님과 상담 선생님, 사회복지사와 협력해야 했고, 필요한 경우 의학적 도움도 함께 이루어져야 했습니다. 가정에서 학대와 방임으로 위기에 처한 아이는 사회복지사의 도움을 받을 수 있도록 했습니다. 또래 관계의 어려움으로 잦은 결석을 하던 아이는 Wee 센터 상담 선생님과 담임교사의 도움을 받았습니다. 정신적 질환이 있음에도 제대로 치료받지 못하던 아이는 병원에서 치료받을 수 있도록 도와주었습니다. 경계선 아이들도 주변 어른들의 따뜻한 공동체성이 절실히 필요했습니다.

경계선 지능 아이들 중 정서적 어려움이 크게 없는 아이들은 학습적인 도움만으로도 충분한 성장을 보였습니다. 그러나 정서적 문제와 관계의 문제, 가정의 문제가 복합적으로 있는 아이들에게 시급했던 것은 학습보다는 심리정서, 사회성 지원이었습니다. 이 문제가 해결되지 않는 한 학업에서의 성취는 요원했습니다. 슬프게도 이 아이들의 대부분은 '나는 쓸모없는 사람'이라는 생각을 가지고 있었습니다. 그래서 우리는 여기에 집중했

     모든 교실은 신경다양성 교실이다

습니다. 아이가 '나는 소중하고 가치 있는 사람이며, 사랑받고 행복하게 살아갈 권리가 있는 사람'이라는 생각을 가질 수 있도록 도와주었습니다. 아이만의 강점이 무엇인지도 함께 찾아주었습니다. 그러자 아이들은 점차 밝아졌고, 생기를 되찾았으며 다시 웃기 시작했습니다.

이처럼 경계선 지능 아이들에게는 다각적·다층적 지원이 필요합니다. 2026년부터 전국적으로 시행하게 될 학생맞춤통합지원 시스템이 경계에 있는 아이들을 위한 실질적인 해결책이 되기를 바랍니다. 학생맞춤통합지원 시스템에 대한 내용은 다음 장에서 이야기해 보겠습니다.

6장

신경다양성 교실과 학교

지금까지 나의 사랑스러운 제자 희망이, 샛별이, 기쁨이, 하늘이, 바다와 함께한 생생한 신경다양성 교실 이야기를 풀었습니다. 신경다양성 관점을 접한 이후 5~6년 이상 아이들과 교실에서 구현하려고 노력하는 과정에서 무수히 많은 실수와 시행착오가 있었습니다. 물론 성취와 성과도 많았습니다. 이제는 어느 정도 무엇이 우선이고 중요한 것인지, 누구와 어떻게 협력해야 하는지에 대한 실마리를 풀 수 있게 되었습니다. 정리해 보면 이렇습니다.

신경다양성 교실은 아이는 물론 학부모님과의 만남에서부터 출발했습니다. 나는 나의 기준과 판단을 내려놓고 아이를 있

 모든 교실은 신경다양성 교실이다

는 그대로 바라보려고 노력했습니다. 나는 아이를 깊이 있게 관찰하면서, 또 부모님과의 만남과 소통을 통해서 아이의 강점과 특성, 요구에 대해 파악할 수 있었습니다. 아이의 내면과 정서를 들여다보는 데도 정성을 기울였습니다. 이 아이들에게 중요하고 필요한 것이 정서적 안정, 사회적 기술과 역량이기 때문에, 꾸준히 사회정서교육을 실천하며 신경다양성 아이들이 자신에 대한 긍정적인 자아개념을 가질 수 있도록 도왔습니다.

또한 통합학급의 학생 모두가 한 해를 함께 생활하며 성장하도록 노력했습니다. 학급 친구들이 신경다양성 아이들의 다양성을 수용하며 함께 잘 지낼 수 있도록 공동체성을 키워가는 데 정성을 들였습니다. 민주적인 학급회의를 수시로 하였고, 타인에 대한 배려와 나눔을 실천하는 아이들에게 아낌없는 칭찬을 하며 존엄 감수성을 키울 수 있도록 하였습니다. 이렇게 신경다양성 교실을 운영할 수 있었던 데는 학교 내에 신경다양성 아이들을 지원해 주시는 여러 선생님의 도움이 무척 컸습니다. 그리고 가장 필요했습니다. 한 명의 신경다양성 아이를 위해 학교의 모든 구성원과 가정이 함께 노력해야 했습니다.

신경다양성 아이들을 향한 주변 사람들의 따뜻한 관심과 시선이 이 아이들을 성장시켜 나갔습니다. 아이들은 편안해졌고, 밝아졌습니다. 학교에 오는 것을 좋아했습니다. 수업참여가 늘어나고, 또래들과의 소통도 시작하였습니다. 물론 이 과정이 순탄했던 것만은 아닙니다. 크고 작은 갈등과 위기의 순간도 많았습니다. 절망과 좌절, 희망과 도전 사이를 끝없이 오고 갔습니다. 그러면서 우리는 모두 성장했습니다. 아이들도 학부모도 그리고 교사인 나도 그 과정을 통해 배우고 성숙해질 수 있었습니다.

모든 교실은 신경다양성 교실입니다. 이제는 모든 학교에서 신경다양성 교실이 안정적으로 자리잡을 수 있으면 좋겠습니다. 그러기 위해서는 학교가 변해야 합니다. 신경다양성 아이들을 포용할 수 있는 구성원들의 따뜻한 시선과 인식, 이 아이들을 효과적으로 지원할 수 있는 시스템이 정착되어야 한다고 생각합니다. 그래서 이제부터 성공적인 신경다양성 교실을 위한 학교의 모습에 대해 이야기해 보려고 합니다.

혁신학교와 신경다양성 교실

나는 얼마 전부터 혁신학교에서 근무하고 있습니다. 이 학교는 10여 년 전 내가 박사과정 공부를 하면서 만난 책, 이부영 선생님이 쓰신 《서울형 혁신학교 이야기》를 통해 처음 알게 되었습니다. 이 책을 읽을 당시 나는 아이의 병원치료를 위해 잠시

청주에서 살던 때라 이 학교가 서울 어디에 있는지도 몰랐습니다. 그저 책을 읽고 이런 학교라면 통합교육이 정말 잘 될 것이라는 예감이 들었습니다. 그때 받았던 영감으로 박사학위논문을 쓸 수 있었습니다. 〈배움의 공동체 수업을 적용한 통합교육 실행 연구〉라는 논문에 이 학교 이야기도 인용했습니다.

그런데 내가 이 학교에 발령이 났지 뭡니까! 나는 믿을 수 없었습니다. 세상에 이런 인연이 있을까 싶었습니다. 무슨 운명 같았습니다. 내가 이 학교에 근무하게 된 것은 신경다양성 교실을 잘 실천해 보라는 하늘의 뜻이라고 생각했습니다.

우리 학교는 2011년에 개교한 1기 혁신학교로 지금까지 그 명맥을 유지하고 있는 몇 안 되는 학교입니다. 그 당시 1기 혁신학교들은 우리 교육에 새 바람을 일으키며 변화를 이끄는 데 큰 역할을 하였습니다. 중간고사, 기말고사 등의 시험을 없앴고, 모든 경시대회와 시상을 없앴습니다. 아이들의 싹을 밟고, 신경다양성 아이들의 설 자리를 잃게 만드는 경쟁교육과 서열화를 앞장서서 그만둔 것입니다. 그것만으로도 학교의 많은 문제들이 사라질 수 있었습니다. 혁신학교에서 시도한 획기적인 변화를 일반학교에서도 받아들여 이젠 전국의 거의 모든 초등학교에서 시험과 시상이 사라졌습니다. 이런 일을 해냈다는 것만으로도 혁신학교는 충분히 칭송받을 만하다고 생각합니다.

또한 혁신학교에서는 배움의 공동체 수업과 같이 아이들의 배움이 중심이 되는 새로운 수업 방법들을 적용하기 시작하였습니다. 일제식 수업을 줄이고 아이들의 활동이 주가 되는 수업을 선생님들이 시도한 것입니다. 일방적인 강의식 수업으로 지루했던 아이들이 참여형 수업으로 바꾸자 활기가 넘치기 시작했습니다. 다양한 예술 교육을 도입하는 데도 선도적인 역할을 했습니다. 목공이나 조소, 수공예, 창의음악, 연극과 같은 예술 수업들을 혁신학교에서 본격적으로 도입한 것입니다. 지금은 일반학교에서도 다양한 예술 교육을 하고 있습니다.

나는 예전부터 혁신학교가 신경다양성 교실을 실천하는데 최적화된 환경이라고 생각했습니다. 신경다양성 교실은 교사 한 명의 노력만으로는 힘들기 때문입니다. 앞에서도 나왔듯이 나는 많은 분들의 도움을 받아 신경다양성 교실을 운영할 수 있었습니다. 학교 구성원들이 신경다양성 아이들을 위한 교육철학을 함께 공유한다면 더 좋은 시너지를 발휘할 수 있고 교사들도 지치지 않을 수 있습니다. 지금부터 우리 학교가 다른 학교와는 어떤 차별성이 있는지, 그것이 신경다양성 교실과 아이들의 성장에 어떤 영향을 주는지 알아보겠습니다.

노는 시간이 있는 학교

우리 학교는 30분의 노는 시간과 60분의 점심시간이 있습니다. 이렇게 노는 시간을 확보할 수 있는 까닭은 블록수업을 하기 때문입니다. 1,2교시 80분, 3,4교시 80분, 5,6교시 80분으로 40분의 수업을 붙여 연속해서 하는 블록수업을 합니다. 하루 동안 3블럭의 수업이 이루어집니다. 매시간 쉬는 시간 10분을 없애고 80분 연속 수업을 하게 되면 노는 시간 30분과 점심시간 60분이 확보됩니다.

나는 처음에 블록수업이 낯설었습니다. 80분 연속 수업을 어떻게 해야 할지 걱정이 앞섰습니다. 그런데 웬걸요. 3학년 우리 반 아이들은 이미 블록수업에 익숙해서 80분 연속 수업을 충분히 잘 해내고 있었습니다. 오히려 쉬는 시간으로 인한 끊김이 없으니 활동을 여유 있게 할 수 있어 더 좋았습니다. 나도 곧 적응할 수 있었습니다.

블록수업이 무엇보다 좋은 것은 아이들에게 노는 시간이 확보된다는 사실입니다. 우리 학교는 '쉬는 시간'이 아니라 '노는 시간'이라는 단어를 씁니다. 그야말로 아이들이 마음껏 뛰어놀았으면 하는 마음으로 학교 구성원들이 동의하여 '노는 시간'이라는 말을 쓰게 된 것입니다.

노는 시간은 어린이들에게 아주 중요한 시간입니다. 공부시간만큼 중요합니다. 아이들이 놀이를 통해 배우는 것이 얼마나 많은데요. 하지만 많은 학교들이 코로나 이후로 아이들이 놀아야 한다는 사실을 잊은 듯합니다. 전에 근무했던 학교는 워낙 학생들이 많은 학교여서 아이들이 거의 놀지 못했습니다. 교실 밖에 나가서 놀면 사고가 난다며 통제를 많이 했습니다. 그것에 익숙해졌던 나는 이 학교에서 아이들이 자유롭게 교실 밖에 나가 논다는 사실이 처음엔 당황스러웠습니다. 따지고 보면 사실 학교만큼 아이들에게 안전하고 자유로운 공간은 없는데 말입니다.

많은 어른들의 염려와 달리 이 학교 아이들은 거의 사고 없이 잘 놉니다. 물론 놀다가 친구들과 싸우기도 합니다. 다른 반 친구들과도 싸움이 일어납니다. 싸움이 일어나면 아이들은 바로 선생님에게 달려가 중재해달라고 합니다. 아이들의 말을 들어주고 서로 아이 메시지(I-Message)를 하면 잘 해결됩니다. 갈등과 싸움의 상황에서 서로가, 그리고 주변과 공동체가 이를 풀어가는 법을 배우고 익히도록 하는 것은 학교가 해야 할 무척이나 중요한 교육일 것입니다.

아이들이 이렇게 잘 놀다니…. 노는 시간은 신경다양성 아이들에게도 숨 쉴 틈을 줍니다. 감각자극의 과부하를 느끼는 아이들은 아이들이 빠져나간 교실에서 조용히 쉴 수 있습니다. 가

   모든 교실은 신경다양성 교실이다

만히 있지 못하는 아이들은 마음껏 뛰어놀며 에너지를 발산합니다. 특히 에너지 수준이 높은 아이들은 노는 시간과 점심시간에 열심히 뛰어놀아야 합니다. 땀을 뻘뻘 흘리고 얼굴이 빨개지도록 뛰어다녀야 합니다. 그렇게 놀고 나면 아이들은 블록수업에 더욱 잘 집중합니다. 선생님의 통제 없이 자유롭게 노는 동안 아이들은 사회적 기술을 익히고 함께 잘 지내는 방법도 배울 수 있습니다.

노는 시간은 우리 학교의 큰 자랑거리입니다. 7월에는 우리 학년 선생님들과 '별빛캠프'도 했습니다. 《창가의 토토》에 나오는 도모에 학교 여름캠프처럼 저녁 시간에 아이들을 다시 학교로 불러 '별빛캠프'를 했습니다. 요즘 아이들은 노는 시간이 턱없이 부족합니다. 방과 후 스케줄이 다들 꽉 차 있습니다. 우리 선생님들은 아이들에게 노는 시간을 선물로 주고 싶었습니다. 그날만큼은 방과 후 일정을 비워놓고 학교에 와서 신나게 놀 수 있게 하였습니다. 우리 반에는 기쁨이가 있어서 특수 선생님도 함께해 주셨습니다.

저녁에 학교로 온 아이들과 함께 맛있는 피자를 시켜 먹고 탄산음료도 마음껏 마셨습니다. 이날만큼은 공식적으로 허락을 받고 건강한 먹거리에서의 일탈을 해보았습니다. 아이들의 얼굴에 웃음꽃이 피어났습니다. 저녁을 먹고 나서 아이들은 각자 원하는 놀이 동아리를 선택해 열정적으로 뛰어놉니다. 축구도 하고, 피구도 하고, 킥런볼도 하고, 물총놀이, 무궁화 꽃이 피었습니다, 숨바꼭질도 하였습니다.

신나는 놀이 동아리 활동을 마치고 담력체험도 했습니다. 선생님들이 학교 곳곳에 숨겨둔 보물을 찾아오는 활동이었습니다. 삼삼오오 짝을 지어 컴컴해진 학교 곳곳을 누비며 아이들은 여기저기서 비명을 질러댔습니다. 그렇게 쉼 없이 놀고 나서 아이들은 깜깜한 밤이 되어서야 집으로 돌아갔습니다. 아이들은 그날이 세상에서 제일 행복했다고 합니다. 나도 아이들이 신나게 놀았던 그날이 정말 소중했습니다.

많은 학교들이 우리 학교처럼 노는 시간을 확보했으면 좋겠습니다. 교실에 갇혀 있는 아이들보다 마음껏 뛰어노는 아이들이 훨씬 더 밝고 건강한 아이들로 자라날 수 있습니다.

신경다양성 아이들에 대한 관심

우리 학교 선생님들은 신경다양성 아이들에 대한 관심이 매우 높습니다. 특히 우리 학교 교장 선생님은 정말 특별한 분입니다. 학교의 모든 신경다양성 아이들에 대해 다 파악하고 계십니

  모든 교실은 신경다양성 교실이다

다. 그 아이들의 특성과 부모, 형제자매, 집안 사정까지도 다 알고 계십니다. 나는 교문에서 아침맞이를 하시는 교장 선생님을 보고 깜짝 놀란 적이 있습니다. 교장 선생님은 신경다양성 아이들과 매일 따뜻한 인사를 주고받는데 아이들의 눈높이에 맞춰 무릎을 굽혀 짧은 이야기를 나눕니다. 그 모습을 보고 가슴이 뭉클했습니다. 아침맞이를 하며 교장 선생님을 만난 아이들은 자신을 반겨주고 소중하게 생각해주는 분이 계신다는 사실에 기뻐했습니다. 교장 선생님은 아침맞이를 하며 이 아이들이 누구와 등교하는지, 계절에 맞는 옷은 잘 입고 오는지, 아침은 잘 먹는지, 학교생활은 잘하고 있는지 매일 파악하고 계셨습니다.

아침 시간 이외에도 교장 선생님은 늘 이 아이들을 살펴주십니다. 노는 시간의 모습도 점심시간의 모습도 지켜봐 주십니다. 우리 학교 교장실은 놀이방처럼 꾸며져 있습니다. 아이들은 노는 시간에 교장실에 가서 놀다 옵니다. 학급에서 적응에 어려움이 있는 아이들도 수시로 교장실에 찾아가 교장 선생님과 놀이와 상담을 하고 갑니다. 교장 선생님과 교감 선생님은 신경다양성 아이들에게 도움이 필요한 상황이 생길 때를 대비해 항상 스탠바이를 하고 계십니다.

새 학년이 되고 교장 선생님과의 첫 간담회 안건도 각 반의 신경다양성 아이들에 대한 이야기였습니다. 새 학기가 시작된지 얼마 되지 않아 담임교사들이 미처 파악하지 못한 신경다양성 아이들에 대한 정보를 교장 선생님이 많이 알려주셨습니다. 그리고 언제든 지원이 필요하면 도움을 요청하라고 말씀하셨습니다.

우리 학교는 매주 목요일마다 신경다양성 아이들을 포함해 관심이 필요한 아이들에 대한 컨퍼런스를 합니다. 교장 선생님, 교감 선생님, 특수교사, 생활부장, 상담교사, 지역사회교육전문가 등이 참여하여 매주 컨퍼런스를 운영하고 있습니다. 앞서 소개한 《ADHD, 자폐스펙트럼, 우울증, 느린 학습자도 함께 성장하는 통합교실 이야기》를 쓰신 천경호 선생님은 신경다양성 아이들에 대한 컨퍼런스를 학교에서 상시 운영할 필요가 있다고 제안했습니다. 의사들이 환자의 진단결과를 놓고 효과적인 치료법을 논의하는 것과 같이 교사들은 신경다양성 아이들의 바람직한 지도 방법에 대해 함께 논의하고 공유하는 시간이 꼭 필요하다고 하였습니다. 그래야 고립되지 않고 어려운 문제도 공동체가 함께 해결해 나갈 수 있다고 했습니다. 나는 이 글을 읽으면서 행정업무를 논의하는 시간이 아닌 오로지 학생들을 위한, 특히 신경다양성 아이들을 위한 컨퍼런스가 꼭 있으면 좋겠다고 생각했습니다. 그런 나의 바람이 통했는지 우리 학교에서는 이미 매주 컨퍼런스를 하고 있었습니다. 이러한 컨퍼런스는 학교

     모든 교실은 신경다양성 교실이다

안에서 특별한 관심과 지원이 필요한 아이들 한 명 한 명을 위해 진행되어야 합니다.

학생맞춤통합지원과 협력적 지원

우리 학교는 내가 이 학교에 근무하기 전부터 '학생맞춤통합지원' 선도학교로 운영되고 있었습니다. 우리 학교에서 매주 열리는 컨퍼런스는 학생맞춤통합지원 시스템의 일환입니다. 학생맞춤통합지원은 학생이 겪는 다양한 어려움을 조기에 발견하고, 학교-교육청-지자체 등 지역사회가 협력해 학생별 상황에 적합한 맞춤형 지원을 적시에 제공할 수 있도록 하는 통합지원 체계를 말합니다. 학생맞춤통합지원법은 2025년 1월에 제정되어 2026년부터 시행됩니다.

이 법안은 코로나 이후 심화된 교육 불평등과 복합적 어려움을 겪는 학생들을 조기에 발굴 지원하기 위해 제정되었다고 합니다. 모든 학생의 교육권과 복지권 보장을 목표로 학교와 지역사회, 여러 분야가 협력해 사각지대 없는 맞춤형 지원체계를 조성하게 된 것입니다. 학교를 넘어 지자체 및 지역사회의 아이들에 대한 관심과 지원 체계는 무척이나 필요합니다. 학교를 벗어나면 지자체와 지역사회가 책임져야 할 영역이기 때문입니다.

학생맞춤통합지원은 신경다양성 아이들을 위해서도 꼭 필요한 제도입니다. 나는 그동안 특수교육대상 학생으로 선정되지 못한 신경다양성 아이들이 사각지대에 머물러 있는 경우를 너무나 많이 보았습니다. 앞서 경계선 지능 학생들의 사례에서도 나왔듯이 신경다양성 아이들은 복합적인 문제를 가지고 있는 경우가 많습니다. 단순한 학습지원만으로는 문제가 해결되지 못합니다. 그리고 담임교사 혼자서 감당할 수 없는 경우도 많습니다. 학생맞춤통합지원제도가 신경다양성 아이들을 위한 효과적인 지원체계가 될 수 있을 것이라고 생각합니다.

우리 학교는 학생맞춤통합지원법이 본격적으로 시행되기 전 선도학교로 자원해 앞서서 운영하며 경험과 노하우를 쌓았습니다. 이름 그대로 선도학교이기 때문에 참고할 만한 다른 학교의 사례가 별로 없었습니다. 그러다 보니 우리 학교는 학습 참여에 어려움을 겪는 기초학력 미달, 경제적·심리적·정서적 어려움, 학교폭력, 아동학대, 경계선 지능 등이 있는 학생들은 물론 신경다양성 아이들을 위해 끊임없이 새로운 시도를 하고 있습니다.

학생맞춤통합지원 컨퍼런스에 매주 정기적으로 참여하는 교사들은 10명입니다. 교장 선생님, 교감 선생님, 특수교사, 생활부장, 연구부장, 교무부장, 상담교사, 지역사회교육전문가, 갈등조정 전문가, 보건교사가 학생맞춤통합지원팀으로 참여합니다. 담임교사들은 학급에 어려움이 있는 학생이 생기면 수시로 학생맞춤통합지원팀에 의뢰하여 도움을 요청할 수 있습니다. 교내 교사들 외에도 학교 밖 지역사회 인사들도 우리 학교 협의회에 함께 합니다. 동장님, 경찰서장님, 지역아동센터의 센터장님, 정신건강의학과 의사 선생님, 구의원까지 우리 학교에서 요청하면 기꺼이 함께해 주십니다. 신경다양성 아이들을 다각적으로 지원하기 위해서는 지역사회의 도움도 필요하기 때문입니다.

그동안 우리 학교 학생맞춤통합지원팀은 신경다양성 아이들을 단 한 명도 놓치지 않으려고 선제적으로 지원했다고 합니다. 담임 선생님이나 학부모님이 의뢰하지 않아도 학교생활에 어려움을 보였던 아이들을 모두 샅샅이 찾아 지원해 준 것입니다. 정말 대단하지요?

또한 특수교육대상 학생들도 학생맞춤통합지원 대상에 포함되어 있습니다. 특수와 일반을 구분 짓지 않았습니다. 우리 학교의 모든 학생들이 학생맞춤통합지원을 받을 수 있는 것입니다. 학생맞춤통합지원의 지원영역은 기초학력 지원, 경제적 지원, 또래관계 지원, 심리정서 지원, 가족지원 등으로 아이들의 개별적 요구에 맞는 지원을 목표로 합니다.

기초학력 지원의 경우 학급에서 기초학력 협력강사의 지원을 받을 수 있도록 하고, 방과 후 개별수업도 진행합니다. 경제적 지원의 경우 장학금을 연계해 경제적 지원을 받을 수 있도록 합니다. 우리 학교 지역사회교육전문가가 이러한 지원을 잘 찾아서 해주고 있다고 합니다.

또래관계 지원의 경우 갈등조정전문가와 함께하는 대화 모임에 참여하거나 긍정행동지원단의 도움을 받도록 하였습니다. 심리정서 지원의 경우 Wee 클래스 선생님과 상담하거나 정신건강의학과에 의뢰하여 진단 및 심리치료와 약물치료를 받을 수 있도록 지원해주고 있습니다.

가족 지원의 경우 이주 배경 학생들의 가족을 지원하기도 했고, 가족 관계에 어려움이 있는 가정의 부모 상담을 진행하기도 했습니다. 이주 배경 학생들의 가족 지원을 위해서는 지역아동센터 센터장님의 협력이 필요했습니다.

학생맞춤통합지원을 받는 아이들 중 한 가지 영역에서의 지원만 필요한 경우는 별로 없습니다. 많게는 거의 모든 영역에서의 지원을 받아야 하는 경우도 있었습니다. 다음과 같은 사례가 그러했습니다. 심한 ADHD를 보이는 아이가 있었습니다. 학교에서의 수업 참여는 거의 되지 못했습니다. 공격 행동이 심해 학급 아이들과 담임 선생님은 매우 힘들어했습니다. 부모님은 이 아이를 병원에 데리고 가서 진단을 받고 치료를 받을 에너지조차 없었습니다. 가족 간의 불화로 아이는 위태로운 삶을 살아가고 있었습니다. 결국 부모님을 대신해 학교에서 임상심리사를 초청하여 아이의 검사를 진행하였습니다. 아이는 ADHD 치료와 심리치료가 필요하다는 진단을 받았습니다.

그런데 이 아이의 문제는 단순히 아이의 병원치료만으로 끝날 문제가 아니었습니다. 이 아이의 가족 모두가 상담과 치료가 필요했던 것입니다. 우리 학교는 이 아이의 가족 대화모임도 진행하였습니다. 우리 학교 갈등조정전문가와 꾸준히 가족 대화모임을 하며 이 가족은 다시 평화를 찾았습니다. 부모의 갈등이 해결되니 아이는 몰라보게 좋아졌습니다. 활기를 되찾았고 학교생활에 집중할 수 있었습니다. 아이는 기초학력 지원을 받으면서 교과 공부도 따라갈 수 있게 되었습니다. 학생맞춤통합지원이 없었다면 이 아이는 어떻게 학교생활을 했을 것이며, 이 가정은 어떤 길을 가게 되었을까요? 상상만으로도 아찔합니다. 학생맞춤통합지원이 아이와 가정을 살릴 수 있었습니다. 이렇게 학생맞춤통합지원은 각 분야의 전문가들이 협력하여 다각적으로 이루어져야 그 효과가 나타납니다.

선도학교 2년 차가 된 우리 학교 학생맞춤통합지원팀에서 지금까지 지원한 학생 수가 총 63명에, 지속적인 지원을 한 건수는 무려 170건입니다. 우리 학교 학생 수가 450명인데 정말 엄청난 수입니다. 이 숫자만 보더라도 대부분 학교에는 도움이 필요한 아이들이 많을 것이고 체계적이고 협력적인 지원시스템이 시급하다는 것을 알 수 있습니다. 여기에는 신경다양성 아이들도 중요하게 포함돼 있을 것으로 예상할 수 있습니다.

우리 학교는 학생맞춤통합지원팀 이외에도 많은 선생님들이 신경다양성 아이들과 함께해 주십니다. 우리 학교에는 특수교사가 3명입니다. 특수교육 보조인력은 6명입니다. 이외에도 협력강사와 기초학력부진 학생들을 위한 방과 후 강사가 5명입니다. 전교생 500명 미만 규모의 학교에서 신경다양성 아이들을 위해 선생님들이 이렇게 많이 배치된 학교를 본 적이 없습니다. 특히 우리 학교 특수교육 보조 선생님들은 자발적으로 특수교육대상 학생에 관한 회의를 하신다고 합니다. 예를 들어 '기쁨이 연구소'를 열어서 기쁨이를 어떻게 지원해야 수업 참여를 잘할 수 있는지 서로의 경험담을 나누며 수시로 회의를 한다고 합니다. 정말 훌륭하신 분들입니다. 이런 분들이 계셔서 신경다양성 아이들이 안정적으로 학교생활을 할 수 있습니다.

우리 학교는 미국의 통합교육시스템과 거의 비슷한 체계를 갖추고 있습니다.《미국의 통합교육 이야기》를 쓰신 신경아 선생님은 우리나라에서 초등교사로 근무하셨고, 미국으로 가서 특

   모든 교실은 신경다양성 교실이다

수교사로도 재직한 특별한 경력을 가진 분입니다. 신경아 선생님의 책을 통해 미국의 통합교육이 어떤 모습으로 이루어지는지 생생하게 알 수 있었습니다. 미국은 나의 예상대로 단위 학교 내에 특수교육지원 인력과 각 분야의 전문가들이 충분하게 배치되어 있었습니다. 나는 그 점이 제일 부러웠습니다. 우리나라도 학교마다 신경다양성 아이들을 포함해 아이들을 지원해 줄 전문가 분들이 다양하게 갖춰졌으면 좋겠다고 늘 생각했습니다.

그런데 우리 학교에 오고 보니 나의 상상이 현실이 된 것 같았습니다. 우리 학교의 학생맞춤통합지원팀과 특수교육팀이 미국의 통합교육시스템과 흡사했습니다. 우리 학교는 학생맞춤통합지원팀과 특수교육지원팀 덕분에 특수교육대상 학생 뿐 아니라 최근 이슈가 되고 있는 정서·행동 문제를 가진 아이들, 경계선 지능을 가진 신경다양성 아이들까지 놓치지 않을 수 있었습니다. 우리 학교는 신경다양성 교실을 운영하기에 최적의 환경을 갖추고 있었던 것입니다.

신경다양성 교실과 학교

우리 학교가 이런 시스템을 갖출 수 있었던 것은 교장 선생님을 비롯한 학교 구성원 모두가 신경다양성 아이들을 향한 애정과 관심이 각별했기 때문입니다. 우리 학교는 신경다양성 아이들을 대하는 구성원들의 인식수준이 남다릅니다. 우리 학교 구성원들은 신경다양성 아이들의 다름을 존중합니다. 그리고 이 아이들도 책임있는 행동을 할 수 있을 것이라 믿고 기다려줍니다. 아이들을 바라보는 구성원들의 시선이 얼마나 중요한지 나는 우리 학교 신경다양성 아이들을 보면서 항상 느낍니다.

앞에 행복이 사례에서도 나왔듯이 우리 학교에는 다른 학교에서 적응하지 못하고 전학 온 신경다양성 학생들이 있습니다. 이 아이들은 우리 학교에서 어떻게 변하고, 성장했을까요? 독자님들이 예상하신 대로입니다. 포용적인 학교 문화 속에서 아이들에게 제일 먼저 찾아온 변화는 '안정'입니다. 아이들을 있는 그대로 바라보고 이해하는 사람들 속에서 정서의 안정을 되찾았습니다. 이런 환경에서 아이들은 자율성이 생기며 자기조절력과 자기결정력을 발휘할 수 있게 됩니다. 그러고 나면 천천히 자기만의 속도로 발달해 가며 수업에도 참여할 수 있었습니다. 이 아이들을 문제아로 바라보고 골칫덩이로 여기는 환경에서는 결코 있을 수 없는 변화입니다.

우리 학교 구성원들은 신경다양성 아이들이 행복한 학교가 결국 모든 아이들이 행복하고 안전한 학교라는 것을 알고 있었던 것입니다. 이러한 인간 존엄의 가치와 교육철학에 대한 합의가 구성원들의 협력과 공동체성을 이끌어낸 것입니다. 그 결과 신경다양성 아이들을 포함하는 다각적 지원체계인 학생맞춤통합지원체제와 특수교육지원시스템이 만들어질 수 있었던 것입니다. 이 시스템이 신경다양성 아이들의 실질적인 변화를 이끄는데 큰 기여를 할 수 있었습니다. 물론 우리 학교라고 시행착오가 없는 것은 아닙니다. 하지만 문제가 생길 때마다 구성원들이 끊임없는 토론과 토의로 하나씩 해결해가고 있습니다. 그런 노력의 결과로 우리 학교 학부모님과 학생들의 만족도는 매우 높습니다.

많은 학교가 우리 학교의 시스템을 벤치마킹하면 좋겠습니다. 멀리 제주에서 우리 학교의 학생맞춤통합지원 시스템을 배우러 오기도 했습니다. 일본 츠쿠바대학교 박사과정 대학원생이 우리 학교를 주제로 논문을 쓰고 있습니다. 나는 이 분의 연구에 기꺼이 연구참여자가 되어주었습니다.

혹시 독자들 중에는 우리 학교의 모습이 너무 멀게 느껴지시는 분들도 있을 것입니다. 하지만 포기하지 않으셔도 됩니다. 할 수 있는 것부터 조금씩 실천해 보시기를 추천합니다. 우선 교내 일반교사와 특수교사가 자주 만나서 대화를 나누는 시간부터 가져보시기를 바랍니다. 신경다양성 교실을 운영하는 데 큰 도움을 받을 수 있을 것입니다. 또한 전문적 학습공동체 모임을 만들어보시길 바랍니다. 뜻이 맞는 선생님들과 주기적으로 공부 모임을 하면서 교실에 대한 이야기를 자연스럽게 나누는 시간을 가져보셨으면 좋겠습니다. 이렇게 가벼운 모임에서부터 시작하면 됩니다. 자신의 교실에 대해 함께 고민하는 시간을 갖는 것만으로도 교사들은 번아웃의 위험에서 벗어날 수 있습니다. 새로운 에너지가 생기고 위로도 받을 수 있을 것입니다. 그리고 도움이 필요한 일이 있다면 주저하지 말고 학내외의 지원시스템에 도움을 요청하면 좋겠습니다. 신경다양성 교실은 학교 구성원들의 협력이 필수입니다.

선생님의 교실을 아이들도, 학부모도, 그리고 선생님도 행복한 신경다양성 교실로 만들어보시기를 바랍니다. 선생님의 교실에서 모든 아이들이 자신의 강점과 재능을 마음껏 펼치며 건강하고 행복한 아이들로 성장할 것입니다.

신경다양성 교실은 '모두가 다르게 배운다'는 다양성의 수용과 존중에서부터 시작합니다. 아이들에게 평균을 강요하지 않습니다. 세상 사람들의 기준에 맞추라고 다그치지도 않습니다. 그저 아이가 가진 고유한 색깔을 있는 그대로 바라보고 존중할 뿐입니다. 그러면 강점으로 시선을 돌릴 수 있습니다. 강점은 아이를 성장시키는 에너지입니다. 신경다양성 아이들의 강점을 찾고 그 가능성에 집중하자 아이들은 조금씩 학습과 생활, 관계에서 성공경험을 쌓을 수 있었습니다. '나도 할 수 있다!'라는 단단한 마음근력이 생겨났습니다. 신경다양성 아이들을 넉넉한 마음으로 품어주는 포용적인 교실과 학교에서 희망이, 샛별이, 기쁨이, 하늘이, 바다가 자신만의 속도로 행복하게 자랐습니다. 다큐에서처럼 교실에서 함께한 다른 아이들도 모두 일상의 민주주의를 배우고 존엄 감수성을 키울 수 있었습니다.

신경다양성 교실은 단순한 학습공간이 아닙니다. 각기 다른 아이들이 모여 서로의 독특한 빛을 발견하고 존중하는 따뜻한 공동체라고 할 수 있습니다. 나는 신경다양성 교실에서 진정한 교육의 의미를 깨달을 수 있었습니다. 서로의 차이를 이해하고 그 차이를 통해 더 깊은 연대감을 느끼며 성장하는 모습을 목격할 수 있었습니다. 교육이 단순한 지식 전달이 아닌 사랑과 이해의 과정임을 느낄 수 있었습니다.

신경다양성 교실이 전국의 학교와 교실에 가닿아 활짝 펼쳐지기를 바랍니다. 그러기 위해서는 학교가 신경다양성 아이들을 더이상 외면하지 않아야 합니다. 학교 구성원 모두가 이 아이들을 따뜻하게 바라봐줘야 하고 손잡아 주어야 합니다. 신경다양성 아이들을 양육하는 학부모님도 아이들을 있는 그대로 존중해주고 지지해주는 든든한 동반자가 되어주어야 합니다. 그러면 신경다양성 아이들도 건강한 사회 구성원으로 자랄 것입니다. 신경다양성 교실에서 심은 작은 사랑과 희망의 씨앗이 세상을 더욱 아름답게 변화시키는 힘이 되기를 간절히 바랍니다.

 모든 교실은 신경다양성 교실이다

참고문헌

- 구로야나기 테츠코, 권남희 옮김,《창가의 토토》, 김영사, 2019.

- 권영애,《그 아이만의 단 한사람》, 아름다운사람들, 2016.

- 권영애,《버츄 프로젝트》, 아름다운사람들, 2018.

- 김누리,《경쟁 교육은 야만이다》, 해냄, 2024.

- 김명희, 〈배움의 공동체 수업을 적용한 통합교육 실행연구〉, 공주대학교 대학원(박사학위 논문), 2019.

- 김명희,《신경다양성 교실》, 새로온봄, 2022.

- 김명희, 신상미, 이원란, 이종필, 한희정,《교사 통합교육을 말하다》, 새로온봄, 2020.

- 김주환,《회복탄력성》, 위즈덤하우스, 2019.

- 김주환,《내면소통》, 인플루엔셜, 2023.

- 김진구, 강은영, 〈일반학급과 통합학급 간 초등학생의 공격성와 지각된 인기 관계의 차이〉, 특수교육저널: 이론과 실천, 18(3), 111-128, 2017.

- 남보람, 《자폐영유아와 함께 놀이하며 성장하기》, 새로온봄, 2024.
- 박윤희, 박승희, 한경인, 〈'경계선급 지적기능성' 통일된 용어 제안 및 교육지원 쟁점과 과제〉, 특수교육학연구, 57(2), 31-69, 2022.
- 박현숙, 《느린 학습자를 위한 인지훈련 프로그램》, 학지사, 2021.
- 사이먼 배런코언, 강병철 옮김, 《패턴 시커》, 디플롯, 2024.
- 송길영, 《시대예보: 핵개인의 시대》, 교보문고, 2023.
- 신경아, 《미국의 통합교육 이야기》, 학지사, 2023.
- 신상미, 이리라, 이영수, 임경희, 《모두 참여 수업》, 새로온봄, 2023.
- 신윤미, 《ADHD 우리 아이 어떻게 키워야 할까》, 웅진지식하우스, 2022.
- 스티브 실버만, 강병철 옮김, 《뉴로트라이브》, 알마, 2018.
- 이부영, 《서울형 혁신학교 이야기》, 살림터, 2013.
- 이수인, 《우리는 모두 다르게 배운다》, 어크로스, 2024.
- 이유남, 《엄마 반성문》, 덴스토리, 2017.
- 이현정, 《독특한 아이의 세계》, 마음책방, 2024.
- 인천광역시교육청, 경인교육대학교 기초학력센터, 〈경계선급 지적기능성 학생의 이해와 지원〉, 2023.
- 지은정, 《난독증을 읽다》, 새로온봄, 2025.
- 차예진, 《Colorful Brain Friends》, 우주스토리, 2024.
- 천경호, 《함께 성장하는 통합교실 이야기》, 학교도서관저널, 2024.

 모든 교실은 신경다양성 교실이다

- 크리스 메르코글리아노, 공양희 옮김, 《두려움과 배움은 함께 춤출 수 없다》, 민들레, 2005.
- 크리스 메르코글리아노, 조응주 옮김, 《가만히 있지 못하는 아이들》, 민들레, 2009.
- 토머스 암스트롱, 강순이 옮김, 《증상이 아니라 독특함입니다》, 새로온봄, 2019.
- 톰 하트만, 백지선 옮김, 《농경사회의 사냥꾼》, 또다른우주, 2024.
- 템플 그랜딘, 박미경 옮김, 《템플 그랜딘의 비주얼 씽킹》, 상상스퀘어, 2023.
- 혼다 히데오, 이윤정 옮김, 《자폐스펙트럼》, 마고북스, 2022.
- 혼다 히데오, 왕언경 옮김, 《ADHD·자폐아이를 성장시키는 말걸기》, 이아소, 2023.
- Michael L. Wehmeyer, Jessifer A. Kurth, 서효정, 박윤정 옮김, 《강점기반 시대의 통합교육》, 교육과학사, 2024.
- Thomas Armstrong, 김동일 옮김, 《다중지능과 교육》, 학지사, 2014.

모든 교실은
신경다양성 교실이다

초판 1쇄 펴낸 날 2026년 2월 5일

지은이 김명희
펴낸이 이후언
편집 이후언
디자인 윤지은
인쇄 아람P&B
제본 강원제책사

발행처 새로온봄
주소 서울시 관악구 솔밭로7길 16, 301-107
전화 02) 6204-0405
팩스 0303) 3445-0302
이메일 hoo@onbom.kr
홈페이지 www.onbom.kr

© onbom, 2026. Printed in Seoul, Korea

ISBN 979-11-987413-6-3 (03370)